동아기획 이야기

동아기획 이야기

그때 그 시절을 함께한 어떤 음악 레이블에 대하여

이소진 지음

나무연필

1980년대, 1990년대 초반까지 만든 동아기획의 음반들, 이걸 저희는 시대의 소리였다고 규정하고 싶습니다. 허나 이건 어디까지나 저희 생각이죠. 대표님께서 스스로 생각하시는 업적이 있다면 무엇인가요.

새로운 시장을 연 것, 시장을⋯ 전 그렇게 생각합니다.

_이수호, 「동아기획 대표 김영 인터뷰」(『IZM』, 2014년 4월) 중에서

책머리에

이 책을 펼친 분들은 대중음악에 관심이 많거나 동아기획에 관한 추억을 마음 한편에 품고 있으리라 짐작된다. 라디오에서 흘러나오는 음악을 들으며 위로받은 적도 있고, 레코드 가게에서 좋아하는 가수의 음반을 사들고 돌아오는 길의 기대감과 행복감도 아실 것 같다.

100년이 채 되지 않은 시간 동안, 기술이 발전하면서 음악을 청취하는 방식에도 상당한 변화가 있었다. 표준시간 음반(축음기에서 구동되는, 일명 SP 음반), LP, 카세트테이프, CD, MP3 등을 거쳐 지금의 우리는 스트리밍 플랫폼과 유튜브에서의 검색을 통해 음악을 듣는다. 언제 어디서나 원하는 음악을 바로 찾아 들을 수 있는 환경이 실현된 것이다. 하지만 '소유'에서 '공유' 개념으로 바뀐 청취의 방식은 접근성이 높아진 것과는 반비례하게 음악의 여운을 충분히 느낄 만한 시간을 허락지 않고 있다. 그래서인지 가끔은 정말 원하던 가수의 카세트테이프를 구하게 된 뒤 플레이어의 재생 버튼을 꾹 눌러 음악을 듣던 순간이 그립게 다가올 때가 있다.

동아기획은 음악 저장 매체의 변화와 함께했던 레이블이다. 1980년대 중반부터 1990년대 중반까지 전성기를 누린 동아기획은 LP를 시작으로 카세트테이프와 CD로도 음반을 제작했다. 음반을 구매하는 데 적지 않은 비용이 들던 그 시절, 대중에겐 더더욱 실패 없는 음반 선택이 중요했을 것이다. 이때 대중을 사로잡은 대표적인 음반·기획사가 바로 동아기획이었다. 음반에 새겨진 동아기획의 로고가 곧 믿고 구매할 수 있는 음반을 보증하는 의미로 받아들여진 데서 알 수 있듯이, 동아기획은 국내 최초로 레이블 자체를 브랜딩branding한 곳이다. 김현식, 들국화, 시인과 촌장, 한영애, 장필순, 박학기, 신촌블루스, 봄여름가을겨울, 빛과 소금, 김현철, 이소라 등 걸출한 뮤지션들이 모여 음악 공동체를 형성했던 동아기획은 음반뿐만 아니라 라이브 공연을 통해 관객과 소통하며 공연 문화를 활성화했다는 측면에서도 한국 대중음악계에 의미 있는 궤적을 남겼다.

동아기획의 다채로운 면모를 조명해본 이 책은 총 6장으로 구성되어 있다. 1장에서는 1980년대 한국 대중음악계에 동아기획이라는 걸출한 음반·기획사가 출현하게 된 배경을 돌아본다. 음반 제작 환경의 변화, 언더그라운드 음악의 태동, 새로운 청중의 등장을 조명하면서 동아기획을 이끈 김영 대표의 회사 설립 과정을 함께 살펴본다. 그다음 장에서는 1982년부터 2010년까지 동아기획의 활약상을 시대순으로 일별한다. 연주 음반을 내던 초창기 활동부터 조동진, 김현식, 들국화 등 동아기획의 대표 뮤지션들이 당대의 명반을 내게 된 과정, 신진 뮤지션을 발굴해 데뷔시키고 사업을 확장해가는 면모, 뮤지션의 이탈 등으로 인해 쇠퇴해가는 상황까지 되짚어본다. 3장에서는 동아기획이 음반·기획사로서, 그리고 뮤지션들이 한데 모인 집단으로서 어떤 정체성을 형성했는지 탐색한다. 전자에 대해서는 당대 대중음악의 틈새시장을 겨냥해 장르 음악을 시도한 점, 레이블 브랜딩을 통해 홍보 전략을 편 점을 중점적으로 살펴보고, 후자에 대해서는 상부상조하는 창작 공동체로서 '따로 또 같이' 활동한 면모와 함께 라이브 공연 및 라디오 중심의 활동을 편 점에 주목한다. 4장과 5장에서는 동아기획 뮤지션들이 만든 노랫말과 음악 장르를 분석하여 이들이 어떤 문자 언어와 음률 언어를 구사했는지, 이를 통해 어떤 세계관과 스펙트럼을 보여주었는지 알아본다. 마지막 장에서는 한국 대중음악사에서 동아기획이 위치한 자리와 그 의의를 가늠해본다. 창작 음악의 완성도를 높이면서 대중음악 장르의 다변화를 이끌어내고, 새로운 시대의 정서와 조응하면서 국내 라이브 공연의 대중화에 기여한 측면 등을 되짚어본다.

이 책은 나의 박사학위논문 「동아기획의 음악적 실천과 가요사적 의미」를 재구성한 뒤 대중적으로 풀어 쓴 것이다. '논문의 주제를 정했다면 반을 한 것이다'라는 말에서 알 수 있듯, 논문의 주제 선정은 모든 연구자들이 반드시 거쳐야만 하는 꽤나 어려운 과업이다. 나 또한 박사과정을 수료한 뒤 대중음악 관련 연구를 이어가면서 논문의 주제를 고르기 위해 고심했다. 음악 전공자로서, 그리고 대중음악을 학문적으로 바라보는 연구자로서 탄탄한 논문을 통해 조금이나마 학계와 세상에 기여하고픈 마음 때문이었을 것이다. 처음에는 직접 가사와 선율을 짓고 노래 부르는 싱어송라이터에 관한 연구를 진행하다가 조금 방향을 틀어 만나게 된 화두가 바로 '동아기획'이었다.

나는 동아기획의 전성기 음악들을 발표 당시에 향유하진 못했지만, 대학에서 실용음악을 전공한 덕분에 이들을 듣고 연주할 기회가 많았다. 1980~90년대 문화의 적극적인 수용자이자 대중음악 씬에서 활발히 음악 활동을 이어가던 분들에게 소중한 가르침을 받은 덕분이다. 이러한 발판이 있었기에 비평적 거리를 유지하되 다소간의 시대적 간극을 넘나들며 동아기획을 연구하는 것이 가능했을 것이다.

　자료를 모으고 분석하고 정리하는 과정은 쉽지 않았지만, 동아기획의 음악과 함께여서 행복한 연구의 시간을 보낼 수 있었다. 열정을 품고 좋은 음악을 들려주고자 고군분투했던 동아기획 관계자분들이 없었다면 나올 수 없는 책이었음을 고백한다. 석사 논문에 이어 박사 논문을 지도해주신 존경하는 홍성규 교수님, 당대에 관한 생생한 이야기를 전해주신 한상원 교수님, 하덕규 교수님, 서울스튜디오의 최세영 사장님, 관련 자료를 제공해주고 연구에 도움을 주신 신현준 교수님과 장유정 교수님, 언제나 나의 연구를 응원해주는 가족들과 한국대중음악학회 선생님들, 경희대 대학원 교수님들과 원우들, 이 책을 꼼꼼히 읽고 흔쾌히 추천사를 보태주신 김학선 평론가님, 출판을 제안한 뒤 조언을 아끼지 않으신 나무연필의 편집진에게 감사의 마음을 전한다.

차례

이 책에 기술된 내용을 바탕으로 시간순으로 정리한 동아기획의
주요 활동 내역이다. 본문과 반복되는 부분이 있으나 독자들이
일목요연하게 동아기획의 활동을 살펴볼 수 있도록 화보와 함께
앞에 배치했으며, 보다 자세한 내용은 본문을 참조하길 바란다.

1982

3월 1일, 동아기획이 출범하다

설립자는 김영 대표. 그는 작곡가 겸 기타 연주자이자 개인 제작자로 대중음악계에서 활동했
고, 기타 학원과 레코드점을 운영하며 명민한 사업 수완을 보여주었던 인물이다. 특히 가수였
던 아내의 이름을 딴 박지영레코드를 운영하면서 대중이 선호하는 음반에 대한 감각을 익힌
것은 동아기획을 이끌어가는 데 든든한 기반이 되었다.
동아기획은 음반을 제조할 여력이 되지 않았기에 음반의 기획과 제작을 주도하는 기획사로
출발했으며, 남택상&영 팝스 오케스트라의 《Love Player Vol. 1》을 첫 음반으로 출시한 뒤
1984년까지 이 시리즈 음반을 4장 연이어 발매했다.

동아기획을 이끌어간 김영 대표의 젊은 시절, 기타를 들고 찍은
사진. 그는 1970년대 통기타 붐에 힘입어 기타 학원을 운영했고
기타 연주자로도 활동했다.

1984

대중음악 음반의 발매를 시작하다

동아기획은 첫 대중음악 음반으로 김학래 2집을 선보였고, 이어서 〈잃어버린 우산〉이 히트한 우순실 1집을 내놓았다. 한편 이해에 출시된 가장 기억할 만한 앨범은 김현식 2집일 것이다. 〈사랑했어요〉로 대중음악계에 김현식이라는 가수를 또렷이 각인시키면서 동아기획의 가능성을 보여준 앨범이었다. 이 앨범의 커버 사진은 1990년 그가 세상을 떠났을 때 영정 사진으로 쓰였다. 이 시기에 김영 대표는 전국의 레코드점과 음악다방을 돌며 음반을 소개했으며, '동아기획 패밀리' 제도를 도입해 레이블 팬들을 모았다. 동아기획의 독특한 홍보 전략이 시작된 시기라 할 수 있다.

1985

조동진의 영입, 들국화의 데뷔

'한국 언더그라운드 음악의 대부' 조동진은 동아기획의 초창기에 상당한 영향을 미친 뮤지션이다. 음악적으로도 그렇지만, 동아기획 뮤지션들끼리 서로 도우며 함께 성장하는 분위기가 싹튼 것은 조동진이라는 묵직하면서도 사려 깊은 존재가 있었기에 가능한 일이었다. 5년 만에 동아기획에서 선보인 그의 3집 앨범은 서정성 깃든 포크 음악의 진수를 들려주었다.

'현역' 조동진이 동아기획의 든든한 그라운드가 되어주었다면, '신인' 들국화는 동아기획의 도약을 알리는 신호탄이었다. 당시 가수들의 홍보 루트였던 방송 출연 없이 라이브 공연과 입소문만으로 180만여 장의 앨범을 판매한 괴물 신인의 탄생. 동아기획으로서는 회사의 존재감을 보여준 천군만마 같은 뮤지션이었을 것이다.

위 사진은 1986년에 발매된 《들국화 Live Concert》 앨범의 속지에 수록된 것이다. 이 앨범은 라이브 음반이지만 실제 공연장이 아니라 서울스튜디오에 관객 수십 명을 초대한 뒤 가진 공연을 녹음해 발매한 것이었다. 그해에 들국화는 멤버를 정비하여 2집 발매 직전에 6인조 밴드가 된다. 아래 사진은 이때의 멤버들로, 왼쪽부터 손진태, 허성욱, 최성원, 주찬권, 전인권, 최구희의 모습이 담겨 있다.

1986

약진하는 들국화, 밴드 음악을 선보인 김현식

들국화의 행진은 계속되었다. 이들은 라이브 앨범을 낸 뒤 6인조로 멤버를 정비하여 2집을 출시했다. 1집에서의 폭발력 있는 목소리는 살짝 잦아들었으나 〈제발〉과 〈오 그대는 아름다운 여인〉 등이 대중의 사랑을 받았다. 또한 김현식은 김종진, 전태관, 장기호, 박성식으로 구성된 백밴드 봄여름가을겨울을 결성해 이들과 함께 3집 작업을 했다. 타이틀 곡은 〈비처럼 음악처럼〉이었는데, 발표 당시에는 크게 주목받지 못했지만 뒤늦게 입소문을 타고 역주행하면서 그의 대표곡으로 자리 잡는다. 이 외에 하덕규가 함춘호를 영입하여 만든 시인과 촌장 2집, 한영애의 첫 솔로 앨범, 조동진의 1, 2집 재레코딩 버전 등이 같은 해에 출시되었다.

1987

들국화의 해산, 그리고……

동아기획이 약진하는 시기를 이끈 들국화는 결국 해체되고 만다. 이후 발표한 《1979~1989 추억 들국화》는 초기 멤버인 전인권과 허성욱이 작업한 앨범인데, 팀은 해체되었지만 최성원, 주찬권, 최구희 등 기존 멤버들이 세션으로 참여했다. 언더그라운드의 정서를 보여준 옴니버스 앨범인 우리노래전시회 2집, 들국화의 기타리스트 최구희가 주도한 괴짜들 2집, 드러머 주찬권이 리드한 믿음 소망 사랑 2집, 그리고 작사가로 잘 알려진 박주연의 1집도 같은 해에 출시되었다. 한편 동아기획은 서울 종로구 신문로2가 1-143 욱일빌딩으로 사무실을 이전하며 다음 스텝을 준비해간다.

들국화가 해체된 뒤 1987~88년에 멤버들이 또 다른 팀으로, 그리고 솔로로 발표한 앨범들.

1988

전열을 가다듬고 새로운 빛깔을 입혀가다

들국화 멤버인 전인권, 최성원, 주찬권은 각각 개인 앨범을 냈다. 대마초 파동으로 잠시 활동을 중단했던 김현식도 4집을 발표하며 절정기의 보컬을 보여주었다. 김현식의 백밴드로 활동하던 김종진과 전태관이 결성한 봄여름가을겨울, 유영석을 필두로 세련된 발라드를 구사한 푸른하늘이 각각 1집을 출시하여 동아기획의 새로운 빛깔을 선보인 때이기도 하다. 또한 하덕규의 1인 프로젝트 앨범이라 할 수 있는 시인과 촌장 3집, 소울풀한 목소리가 돋보이는 한영애의 2집도 같은 해에 출시된다. 동아기획은 이해부터 내부 뮤지션들과 함께 '우리 모두 여기에' 콘서트를 개최한다. 라이브 공연을 통해 관객들과 소통하는 기획사다운 작업이었다.

1989

신진 뮤지션들의 도드라진 도약

이해에는 김현철, 박학기, 장필순과 같은 신진 뮤지션들이 첫 앨범을 내고 데뷔했다. 특히 김현철의 활약이 눈부셨는데, 그는 전곡을 작사·작곡·편곡하고 프로듀싱까지 해서 1집을 냈을 뿐만 아니라 〈이미 그댄〉과 〈어느새〉처럼 박학기와 장필순의 타이틀 곡까지 작사·작곡했다. 전해에 첫 앨범을 냈던 봄여름가을겨울과 푸른하늘도 2집을 발표하며 순조롭게 활동을 이어갔다. 한편 엄인호와 이정선이 주축을 이룬 신촌블루스가 가세하여 2집을 선보였는데, 이 앨범에 수록된 〈골목길〉은 김현식의 허스키한 탁성과 날카롭게 튕겨나는 기타의 엇박자 리듬이 인상적인 곡으로 이들의 대표곡으로 자리 잡았다.

동아기획은 국내 라이브 공연의 대중화에 상당한 기여를 한 기획사이다. 이는 공연을 위주로 언더그
라운드에서 활동하던 뮤지션들이 많았던 데서 비롯한 것일 텐데, 동아기획의 초창기를 견인했던 들
국화를 기점 삼아 김현식, 봄여름가을겨울, 신촌블루스 등도 콘서트를 발판 삼아 흥행을 이어갔다.
위는 봄여름가을겨울 2집의 속지에, 아래는 신촌블루스 2집의 커버에 수록된 사진인데, 라이브 장면
을 보여줌으로써 공연을 중시했던 뮤지션들의 정체성을 드러내고 있다.

1990~1991

김현식의 투병과 사망 가운데서

이 시기에 동아기획의 가장 큰 이슈는 김현식의 투병이었다. 급격하게 건강이 악화된 와중에 그는 1990년 5집을 발표했지만 그해에 세상을 떠나고 만다. 다음 해에 지인들이 힘을 모아 세상에 내보낸 유작 앨범은 한 해 동안 200만 장 이상 판매되기도 했다. 이 외에 최성원, 박학기, 장필순, 신촌블루스, 푸른하늘 등 동아기획의 뮤지션들이 속속들이 후속 앨범을 냈다.

이때 데뷔 앨범을 낸 뮤지션들도 있었는데, 재즈적 색채와 연주곡의 매력을 담아낸 빛과 소금, 그룹 다섯손가락 출신으로 이후 작곡가로 활약한 하광훈이 1990년 1집을 낸 뒤 다음 해에 연이어 2집을 발표한다. 1991년에는 초창기 신촌블루스의 보컬로 활동한 정서용, 향후 동아기획의 사운드 한 편을 이끌어 나갈 송홍섭이 솔로 앨범을 출시했다.

김현식의 5집 앨범 속지에 수록된 사진. 공연 대기실에서 그가 포즈를 취하고 있다.

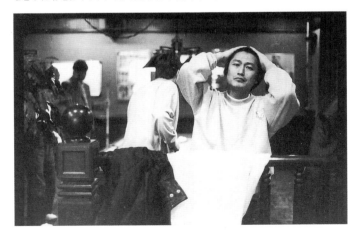

1992

봄여름가을겨울과 김현철의 도전

1992년은 뉴욕 ACME 스튜디오에서 제작한 봄여름가을겨울의 3집으로 시작되었다. 해외에서 앨범을 만드는 것은 당시로선 매우 드문 일이었는데, 대중의 반응도 상당히 뜨거웠다. 또한 김현철이 눈부신 활약을 보여주었는데, 그는 자신의 2집을 비롯해 조동익, 함춘호, 손진태와 함께한 야샤 1집, 영화 「그대 안의 블루」의 OST 앨범을 선보였다.

한편 동아기획은 이해에 서울 종로구 내수동 110-15번지로 사무실을 확장 이전하면서 음반을 녹음하고 제조할 수 있는 스튜디오 공간과 프레스 시설을 마련한다. 다음 해에 정식 음반사 등록을 마치면서 기획사로 출발했던 동아기획은 중견 음반사로 거듭나게 된다.

봄여름가을겨울의 3집 앨범 속지에 수록된 사진. 뉴욕의 분위기가 물씬 느껴지는 장면이다.

1993~1994

전환의 시기, 그리고 우리 모두 여기에

동아기획은 신진 그룹인 코나와 피아노를 비롯하여 미국에서 유학하고 돌아온 정원영, 한상원의 첫 앨범을 출시했다. 이와 함께 봄여름가을겨울, 빛과 소금, 푸른하늘, 김현철, 박학기 등 기존 뮤지션들이 신작 앨범을 발표했다.

이 시기에 주목할 만한 작업으로 《우리 모두 여기에》 앨범의 출시를 들 수 있다. 1993년부터 이어진 이 앨범은 1995년까지 총 6장이 발매되는데, 대표 뮤지션들의 음악을 모아 동아기획의 음악 공동체적 면모를 보여준 작업이었다. 참여 뮤지션들의 단체 사진을 앨범 커버로 활용하여 이러한 특성을 시각적으로도 잘 드러냈다.

1993년 발매된 《우리 모두 여기에》 1집의 커버 사진. 맨 왼쪽에 조동진, 오른쪽 앞에 김영 대표가 서 있고, 들국화 멤버를 비롯하여 김현식, 한영애, 김두수, 이원재 등의 모습이 보인다.

1995~1996

이소라의 등장에서 비롯된 재도약

동아기획은 정식 음반사로서의 면모를 갖추었지만, 한동안 전과 같은 성과를 내지 못한다. 그러나 1995년 신예 이소라의 데뷔 앨범이 밀리언셀러를 기록하면서 특수를 누리게 된다. 다음 해에 출시한 2집까지 성공을 거둔 실력파 가수의 등장이었다. 동아기획을 통해 데뷔한 뒤 어엿한 중견 그룹으로 자리 잡은 봄여름가을겨울의 5집과 6집도 이 시기에 출시되었다. 크게 주목받진 못했지만 라이브 무대 위주로 활동하던 김장훈을 영입해 3집을 내기도 했다.

이소라 2집의 앨범 속지 중에서. 각각의 곡마다 제목과 가사에 걸맞은 이미지를 오른쪽 면에 실었다.

1997~

위기 가운데 서서히 저물어가다

이 시기에 동아기획은 송홍섭의 기획으로 삐삐롱스타킹, 황신혜밴드 등 홍대 인디 밴드들의 음반을 만들었고, 캔기획과 협업하여 박상민, 장혜진, 박완규 등의 앨범을 제작했으며, 10대를 타깃 삼아 씨유, 허쉬, 하니비 등의 그룹을 론칭하기도 했다. 이 가운데 박완규 1집이 히트하긴 했지만, 전반적으로 이전과 같은 참신함을 보여주진 못했다. 《우리 모두 여기에》에 이어 1998년에 선보인 《추억 만들기》, 드라마 「허준」의 주인공 황수정을 내세워 2000년에 낸 《황수정의 러브레터》 등 컴필레이션 음반을 출시한 점도 눈에 들어온다. 기존 뮤지션의 주목할 만한 음반으로 1998년에 출시한 이소라 3집과 김장훈 4집, 2002년에 출시한 봄여름가을겨울 7집과 김현철 8집이 있었다. 그러나 해를 거듭할수록 제작 앨범 수가 줄어들었고, 2010년에 선보인 가수 무니의 3집이 동아기획의 마지막 앨범으로 확인된다.

일러두기

- 노래는 홑화살괄호(〈 〉), 앨범은 겹화살괄호(《 》), 책·잡지·신문·웹진 등은 겹낫표(『 』), 영화·드라마·방송·유튜브 프로그램과 기사·논문 등의 개별 글은 홑낫표(「 」)로 표시했다.
- 앨범 제목, 노래 제목 및 가사는 한글 맞춤법이 맞지 않더라도 당대에 표기한 입말을 살려 정리했다.
- 외래어 표기는 국립국어원의 외래어 표기법을 기준으로 하되, 몇몇 음악 용어의 경우 관행적 표현을 따랐다. scene은 '씬', ad lib은 '애드립', recording은 '레코딩', soul은 '소울', R&B는 '알앤비', slow blues는 '슬로우 블루스', punk와 funk는 각각 '펑크'와 '훵크'로 표기했다.
- 외래어 표기에 변화가 있는 고유명사의 경우, 현행 외래어 표기법에 맞춰 정리했다. 서울스투디오는 '서울스튜디오', 서라벌레코오드는 '서라벌레코드', 동아기획 카타로그는 '동아기획 카탈로그', 동아기획 훼밀리는 '동아기획 패밀리'로 표기했다.
- KOMCA(한국음악저작권협회) 승인필.

1장

동아기획의 탄생

1980년대, 새로운 대중문화가 도래하다

이전과는 다른 청중의 출현, 그리고 음악산업의 변화

1980년대는 한국 대중문화에 있어서 다양한 변화가 일어난 시기이다. 당대의 대중문화 지형에 큰 여파를 미친 사건으로 우선 1980년 11월의 방송 통폐합을 들 수 있다. 10·26 사태로 박정희 대통령이 사망한 뒤 신군부 세력은 제5공화국을 수립하기 위한 일환으로 언론을 장악하고자 방송 통폐합을 강행했다. 건전한 언론을 육성하고 방송 공영화를 추진한다는 취지를 내세웠는데, 그 결과 개별적으로 운영되던 TBC, DBS, 전일방송, 서해방송 등이 일제히 KBS와 MBC로 흡수 통합되었다. 민간에서 운영하던 방송국이 한꺼번에 사라지고 양사 체제로 전환되어 방송 권력이 집중된 것이다.

　때마침 생산된 컬러 TV의 보급 확산으로 이른바 '색채 혁명'의 시대가 시작되자 TV의 영향력은 나날이 커져갔다. 흑백에서 컬러로의 시각적 전환은 대중의 감각을 변화시키기에 충분한 조건이었다. 이에 더해 이전에 없던 비디오와 전자 게임까지 등장하면서 특히 젊은 세대의 감각은 한층 빠르게 변해갔다.

　한편 1980년대 중반에 한국은 저달러·저유가·저금리의 이른바 '3저 호황'에 힘입어 유례없는 경제성장을 하게 된다. 이는 자연스럽게 가계소득의 증가로 이어졌고, 부모에게 '용돈'을 받는 젊은 세대의 비율 또한 늘어났다. 이들은 소비를 바탕으로 자신의 문화적 정체성을 내세우며 대중문화의 주체로 대두된다. 1950년대 중반에 등장하여 세대적 취향의 로큰롤을 탄생시킨 미국의 베이비 붐 세대처럼 말이다. 대중음악 연구자 김창남은 1980년대에 경제성장을 통해 높아진 소비 수준과 매스미디어의 전국적 확대가 대중문화 성장의 물적 토대가 되었다고 언급한 바 있다.[1]

　이 시기에 새롭게 등장한 소비 주체들이 보인 주목할 만한 행위는 음반을 구매하는 것이었다. 이들은 휴대용 카세트 플레이어로 음반을 듣거나 라디오 방송에서 흘러나오는 음악을 청취하면서 기성세대와는 다른 세대적 취향을 드러냈다. 경제가 성장함에 따라 문화를 향유하고자 하는 대중의 욕구는 커졌지만 대체재가 부족한 상황에서 음악산업 쪽으로 이들의 관심이 쏠린 것이다. 좋아하는 가수의 음반을 구매하고 수집하는 젊은 층의 확대는 한국 대중음악 산업의 규모가 커지는 기반이 되었다.[2] 새로운 소비층의 형성은 대중음악계에 대안적 움직임의 가능성을 예고하는 것이기도 했다.

이러한 가운데 한 음반·기획사가 등장한다. 국내 대중음악의 제작 패러다임을 바꾸었다는 평가를 받으며 오랜 시간이 흘렀지만 여전히 대중들의 마음속에 간직되고 있는 이름, 동아기획이다. 본격적으로 동아기획의 전모를 살피기에 앞서, 동아기획을 둘러싼 환경을 파악하기 위해 우선 당대의 대중음악 음반이 어떻게 제작되었는지 알아보자.

1980년대의 음반 제작 방식을 살펴보려면 당시에 시행된 '음반에 관한 법률', 이른바 '음반법'을 짚고 넘어갈 필요가 있다. 음반법에 의하면, 음반을 제작할 수 있는 음반사로서 정부의 인허가를 받기 위해서는 반드시 '녹음실'과 '제작실'을 보유해야만 했다. 즉 음악을 녹음하고 믹싱할 수 있는 레코딩 스튜디오, LP나 카세트테이프 등을 제조할 수 있는 프레스 시설을 갖추어야만 음반을 만들고 배급할 자격이 주어진 것이다. 오아시스레코드, 지구레코드, 서라벌레코드, 신세계레코드 등 당대의 음악

산업을 주도한 대표적인 음반사들은 모두 이 조건을 충족하고 있었다.

하지만 이 시기에 제작된 모든 음반이 음반사에서만 만들어진 것은 아니다. 제반 시설을 갖추지 못해 정부의 인허가를 받을 수 없는 영세 업체와 개인 제작자 등이 '기획사'라는 명칭을 사용하여 음반 제작에 참여한 것이다. 다만 음반법의 제약 때문에 기획사가 음반사를 끼지 않은 채 단독으로 음반을 만들 순 없었다. 그렇다 보니 기획사와 음반사가 계약을 맺은 뒤 기획사는 '콘텐츠 제작'을, 음반사는 '제조'과 '배급'을 맡는 식으로 역할이 분담되었다.[3] 이처럼 기획사가 개입해 음반을 제작하는 방식을 'PD 메이커 시스템' 혹은 '독립 프로덕션 시스템'이라고 불렀다.

대중음악 연구자 신현준에 따르면 1980년대 PD 메이커 시스템은 1970년대 '대명代名 제작 시스템'에서 유래했다.[4] 대명 제작 시스템에서는 기획사가 참여하더라도 기획사의 '레이블(상호)'은 노출되지 않았다. 반면 PD 메이커 시스템에서는 기획사와 음반사의 이름이 음반에 동등하게 표기되었다. 이를 통해 기획사의 존재를 외부에 공식적으로 알릴 수 있게 된 것이다.

PD 메이커 시스템이 등장하기 전까지는 '전속계약 시스템', 즉 작사가, 작곡가, 가수 등이 한 음반사와 계약을 맺은 뒤 이곳

1989년에 선보인 장필순 1집의 뒷면과 그 일부. 음반사인 서라벌레코드
와 기획사인 동아기획의 이름이 병기되었음을 확인할 수 있다.

을 통해서만 음반을 제작하고 활동하는 형태가 지배적이었다.
1960~70년대에 한 음반사에서 낸 여러 음반의 크레디트에는
같은 작사가와 작곡가의 이름이 반복적으로 보인다. 또한 음반
사의 소속 가수들이 대거 참여하여《길윤옥 작품집》,《박춘석
작품집》과 같은 특정 작곡가의 앨범을 내기도 했다. 이는 모두
전속 계약 시스템에서 비롯된 작업이었다.

그런데 1980년대에 이르면 이와는 다른 제작 방식이 대두된
다. 그것이 바로 PD 메이커 시스템이었다. 음반의 콘텐츠에 주
력하는 기획사가 자리 잡게 되자 음반 제작에서 기획사의 역할
이 중요해졌다. 음반사의 전속 작사가, 작곡가가 일률적으로 만

드는 곡 대신 실험적이면서도 다양한 음악 장르를 선보일 수 있는 기반도 마련되었다. 음악산업 측면에서 본다면 기획사의 역할 강화는 일반 대중의 음악적 취향을 공략하는 방법의 세분화로, 음반 작업의 분업화는 전문성의 확보로 이어졌다.

동아기획은 어떻게 설립되었나

좋은 음악이면 된다는 확신으로 기획사의 문을 열다

1982년 3월 1일 설립된 동아기획은 PD 메이커 시스템을 통해 음반을 제작하는 기획사의 형태로 출발했다. 여느 기획사들처럼 기존 음반사와 합작하여 일했기에 서라벌레코드나 태광음반 같은 음반사의 상호와 동아기획이라는 기획사의 상호가 음반에 함께 표기되었다. 동아기획이 참여한 음반에는 'VIP-20XXX' 형태의 음반 제작번호가 별도로 붙었다.

동아기획은 기획사이면서도 다른 기획사와는 차별화된 지점이 있었다. 당시의 기획사들이 음반사로부터 선수금을 받아 음반을 제작한 뒤 판매 수익 중 일정 비율을 분배받았던 반면, 동아기획은 순수 자기자본으로 음반을 제작했다.[5] 또한 당대 음반 업계의 통념상 기획사로 불렸지만, 동아기획은 음반사의 간섭 없이 주도적으로 음반을 기획, 제작하면서 유통과 홍보 등의 배급 업무까지 도맡았다. 음반 제조 시설을 갖추지 못했기에 이 부분만 음반사에 위탁한 것이다. 이러한 제작 방식으로 볼 때 동아기획은 당대 음반사와 기획사의 중간적 형태였다고 할 수 있다.

그렇다면 동아기획을 설립한 뒤 동아기획의 '대장'으로 불린 김영 대표(본명 김효일)는 어떤 인물이었을까? 음악과 관련한 그의 이력을 통해 동아기획이 탄생하기까지의 과정을 살펴보자.

고등학생 시절 음악에 심취하여 미8군 무대를 드나들던 김영 대표는 경희대 작곡과에 진학했고, 청년문화가 한창 기세를 펼친 1970년대에 기타 학원을 운영하면서 작곡가 및 기타 연주자로 활동했다. 통기타 붐 덕분에 그의 기타 학원은 상당한 수익을 거두었고, 그 자본이 후에 동아기획을 설립하는 밑거름이 된다.[6]

1970년대 중반에 김영 대표는 딕패밀리, 박인희, 박상규, 박지영 등의 음반 수록곡을 작곡하며 대중음악계에 개인 제작자로 손을 뻗는다. 그가 참여한 음반은 주로 지구레코드와 아세아레코드, 히트레코드(이후 태광음반)[7]에서 제작되었다. 이후 아내가 된 가수 박지영의 《Young Folk Album Vol. 1》(1975), 《Young Folk Album Vol. 2》(1976), 《박지영 골든 힛트앨범

Vol. 2》(1978)는 이 시기 그의 대표작인데, 작사·작곡·편곡에 참여하여 발매한 일종의 '김영 작·편곡집' 형태였다.

김영 대표는 포크 기반의 대중음악 음반뿐만 아니라 당시에 유행하던 '미스틱 무드Mystic Mood'의 경음악 연주 음반을 시리즈로 기획한다. '미스틱 무드'는 '안개 같은 분위기' 정도로 번역할 수 있을 텐데, 카페에서 배경음악으로 사용하던 세련된 연주 음악을 지칭하는 용어였다. 1970년대 말부터 라디오와 음악다방에 울려 퍼진 〈아드린느를 위한 발라드Ballade pour Adeline〉가 대표적인 미스틱 무드 음악 중 하나다.[8] 잔잔하게 일렁이는 물결들이 모여 다이내믹하게 흘러가는 듯한 감미로운 피아노 선율은 당대 대중의 감성을 자극하며 많은 사랑을 받았다. 폴 모리아Paul Mauriat, 제임스 라스트James Last 등의 경음악 악단 음반은 음악다방과 음악감상실의 필수품이었고, 라디오 방송의 시그널 음악으로도 즐겨 사용되었다.[9] 국내에서는 김희갑, 이필원, 왕준기 등의 주도로 미스틱 무드 오케스트라 앨범이 출시되었으며, '미스틱 카페 뮤직'이란 타이틀을 내건 앨범들이 우후죽순 등장했다. 이러한 가운데 김영 대표는 1981년 아세아레코드에서 피아니스트 남택상의《Popular Piano&Orchestra》1, 2, 3집을 연달아 발표한다.

동아기획은 설립 이후 지속적으로 연주 음반을 시리즈로 발매했다. 대중음악 음반을 주로 제작했음에도 수록곡 중 연주곡의 비율이 상당했던 점 또한 동아기획의 기획이 남달랐던 지점이다. 이러한 점은 동아기획을 이끌어간 김영 대표의 음악적 배경 및 성향과 연관되는 부분일 것이다.

한편 1975년에 터진 유명 가수들의 대마초 파동 이후 가요계는 한동안 침체 분위기가 이어졌다. 청년세대에게 각광받던 포크 음악의 기세가 꺾이고 기타 학원 운영과 개인 제작자 활동에 어려움을 겪게 되자 김영 대표는 1978년 아내인 가수 박지영의 이름을 내건 레코드점 '박지영레코드'를 열었다. 이곳이 자리한 서울 광화문 지역은 MBC와 경향신문사와 같은 언론사, 서라벌레코드, 킹레코드 등의 음반사가 있던 곳으로 방송 및 음반 관계자들이 수시로 오가며 교류하는 음악산업의 중심지였다.[10] 신현준과 최지선이 집필한 『한국 팝의 고고학 1980』에서는 광화문의 정동 사거리 인근이 1980년대 대중음악의 생산과 전파가 일상적으로 이루어지는 실천적 장소였다고 기술하고 있다.[11]

이러한 지역 특성에 걸맞게 광화문에는 음반을 판매하는 레코드 거리가 형성되었는데, 여기에서 성공을 거둔 박지영레코드는 1981년 인근에 박지영레코드 2호점을 열며 사세를 확장했다. 레코드점을 운영하며 국내외 음악을 섭렵한 김영 대표는

박지영레코드가 문을 열기 전인 1977년, 광화문에서 정동 사거리 쪽을 바라본 전경. 1년 뒤 사진 속 대보증권 건물의 맞은편 도로변에 박지영레코드가 들어선다. 이 시절 광화문 인근에는 방송사와 음반사가 모여 있었고 레코드점도 여럿 자리하고 있었다.

손님들을 상대로 어떤 음반을 선호하는지, 어떤 이유로 음반을 구매하는지 등을 물으며 의견을 수렴했다. 4년간의 시장 조사를 통해 그는 음악산업의 경향과 대중의 소비 동향을 구체적으로 파악하게 되었다. 김영 대표의 이야기를 직접 들어보자.

> 시대를 막론하고 좋은 음악은 언제나 대중들의 사랑을 받아왔습니다. 좋은 음악이면 된다는 확신이 있었지요. 그간의 음반 제작과 소비 구매 동향을 4년간 연구 분석한 제 나름의 결과이기도 했습니다.[12]

그는 레코드점을 운영하며 국내 대중음악 음반에 비해 서구의 팝과 클래식 음반의 판매율이 높고, 방송 출연을 통해 얻은 가수의 인기와 음반 판매량이 비례하지 않는 현실을 목도했다. 이러한 격차를 확인할수록 대중에게 사랑받는 제대로 된 음악을 만들고 싶다는 마음을 품게 되었다. 정체된 국내 대중음악 시장에 새로운 목소리를 내고 싶었던 것이었다. 현장에서 얻은 지식과 경험을 바탕으로 김영 대표는 1982년 3월 1일 동아기획을 설립하며 음반 제작자의 길을 걷게 된다.

2장

동아기획의 역사

기존 경험을 바탕으로, 새로움을 모색하며

1982년부터 1985년 초반까지

동아기획에서 맨 처음 제작한 음반은 무엇이었을까? 조동진, 김현식, 들국화 등을 떠올릴지 모르겠는데, 동아기획이 첫 번째로 선보인 것은 대중음악 음반이 아니었다. 음반 번호 1번, 'VIP-20001'이 붙은 앨범은 '사랑의 연주' 시리즈로 발매한 남택상＆영 팝스 오케스트라의《Love Player Vol. 1》이다. 남택상의 연주 음반을 기획한 경험이 있는 김영 대표는 익숙하면서도 자신 있는 분야인 연주 음악으로 기획사의 첫발을 내디딘 것이다. 그는 동아기획을 설립한 뒤 3년간 이 음반을 포함하여 4장의 '사랑의 연주' 앨범을 연달아 냈다. 이 시리즈는 1987년까지 총 10장의 앨범을 선보이며 동아기획 연주 음악 시리즈의 모체가 되었다.

한편 김영 대표는 자신이 기획한 음반을 녹음하기 위해 최고의 시설과 신식 장비를 갖춘 서울스튜디오의 문을 두드렸다. 서울스튜디오는 국내 최초의 녹음 전문 스튜디오였던 장충동 스튜디오가 동부이촌동으로 이전하면서 이름을 변경한 회사이다. 장비와 기술 도입 측면에서 '최초'라는 타이틀이 따라붙었으며 국내 음향의 수준을 한 단계 끌어올린 서울스튜디오의 최세영 사장은 당시 상황을 이렇게 기억하고 있었다.

> 1975년에 서울스튜디오가 동부이촌동으로 이사 왔을 때는 레코드 회사 체제였어요. 기본적으로 레코드 회사에 연예기획부가 있어서 그쪽에서 진행하는 프로그램 녹음만 진행하면 되었는데, 그때 유일하게 찾아온 분이 김영 씨. 연주 음악 시리즈를 기획할 때 나를 찾아와서 그때부터 인연이 됐어요.[1]

국내 제작 음반의 차별화된 사운드를 구현하고자 했던 서울스튜디오 최세영 사장과 좋은 음악을 세상에 선보이겠다는 포부를 품은 동아기획 김영 대표의 의기투합은 이렇게 시작되었다. 당시에 서울스튜디오는 멀티트랙 레코딩 기술을 도입해 각

악기의 밸런스를 자유롭게 조절했고, 여러 겹으로 사운드를 합치는 오버더빙 기술을 통해 풍성하고 다채로운 사운드를 표현해냈다. 그 결과 서울스튜디오에서 녹음한 음반은 음향에 있어서 기존 음반과 확연한 차이를 보였다.[2]

서울스튜디오라는 든든한 동료를 만나 연주 음악 시리즈를 제작하며 기획사의 틀을 잡아가던 동아기획은 서서히 대중음악 분야로 시선을 돌리기 시작했다. 이때 김영 대표의 눈에 들어온 것은 가요제를 통해 등용되었거나 언더그라운드 씬에서 활동하던 이들이었다. 1984년에 출시한 김학래 2집, 우순실 1집, 김현식 2집, 1985년 초반에 출시한 조동진 3집, 정광태의《김치주제가》가 이에 해당하는 음반이다.

1979년 MBC 대학가요제에서 대상을 받은 김학래는 자작곡이 수록된 2집을, 1982년 같은 가요제에서 동상을 받은 우순실은 첫 솔로 앨범을 동아기획의 손을 거쳐 발표했다. 김현식은 가수 이장희에게 발탁되어 1집을 낸 이력이 있었지만, 이때까지는 별다른 주목을 받지 못한 채 언더그라운드에서 활동하고 있었다. 애절한 목소리로 〈사랑했어요〉를 열창하여 지금의 그를 있게 한 앨범이 바로 동아기획에서 발매한 김현식 2집이다.

소극장을 중심으로 활동하며 '언더그라운드 음악의 대부'로 불렸던 조동진은 1985년 1월 〈제비꽃〉이 수록된 3집을 동아기획에서 발표했다. 이 앨범은 2집 발매 후 5년 만에 제작한 것으로, 오랫동안 그의 음반을 기다려왔던 이들에게 서정성 깃든 포크 음악의 진수를 들려주었다. 대중음악계에서는 흥행 여부와 무관하게 조동진의 앨범이 동아기획에서 제작된 데 상징적인 의미를 부여하기도 한다.[3] 앨범 자체도 의미 있었지만, 이를 계기로 동아기획의 여러 뮤지션들이 조동진과 교유하며 그의 영향을 받게 된 것이다.

한편 〈독도는 우리땅〉이라는 곡으로 언더그라운드 씬에서 주목받았던 정광태도 《김치 주제가》 앨범을 냈다. "만약에 김치가 없었더라면 무슨 맛으로 밥을 먹을까"라는 독특한 가사로 시작하는 〈김치 주제가〉가 타이틀 곡이었고, 〈힘내라 힘〉, 〈짜라빠빠〉 등의 수록곡이 인기를 끌었다.

이 시기에 제작된 동아기획의 음반은 크게 OST를 포함한 연주 음악 시리즈와 대중음악 앨범으로 나눌 수 있다. 음악 장르뿐 아니라 음반사의 차이도 있는데, 연주 음악 시리즈는 서라벌레코드, 대중음악 앨범은 태광음반에서 발매되었다. 이 시기에는 PD 메이커 시스템을 도입했음에도 음반에서 동아기획의 특징을 보여주지 못했다. 하지만 이때 인연을 맺은 조동진과 김현식은 향후 동아기획의 구심점 역할을 하게 된다. 또한 기존 음반사의 홍보 관행에서 벗어나 대안적인 루트를 찾는 작업도 이즈음 시작되었다.

김영 대표는 음반을 홍보하기 위해 방송국이 아닌, 전국에 있는 레코드점과 음악다방을 공략했다. 레코드점을 운영한 경험이 없었더라면 이런 방식을 떠올리지 못했을 것이다. 김영 대표는 음반과 청중 사이의 매개 역할을 하던 도소매 레코드점과 음악다방을 직접 찾아가 음반을 홍보하고 배급 계약을 맺었다. 그는 당시 상황을 이렇게 회고했다.

제가 늘 다른 길을 생각했어요. 사실은 그 세 음반이 나온 줄 아무도 몰랐을 겁니다. 홍보를 아예 안 했어요. 그러니까 첫째로 방송국에 음반을 안 돌렸어요. (……) 그때 제가 했던 게 뭐냐면, 서울에서 제주도까지 레코드 가게라는 간판이 붙어 있는 곳곳을 차타고 정처 없이 돌아다니는 겁니다. 가보면 대부분 레코드 가게에 조동진이나 김현식이나 우순실이 없거든요. 그럼 박카스 한통 들고 찾아가서 하나씩 진열대에 꽂아만 주십시오, 부탁을 해요. 뭐 안 팔리면 반품 처리하면 되니까. 그렇게 다 꽂아주며 돌죠. 그러고 나면 한 번 더 돌아요. 이번에는 하나만 틀어주십사, 하고 말이죠. 그렇게 전국을 다 다녔습니다. 관건은 이거예요. 하나는 진열대에 꽂혀 있나, 다른 하나는 가게 스피커로 틀어 놓나. 레코드 가게 말고 하나 더 뚫는 곳이 있습니다. 1980년대 하면

그나마 음악다방이 많이 있었잖아요. 성황이라곤 할 순 없다만, 서울 종로 통에는 확실히 있었죠. 그러면 그 음악다방 DJ들에게 또 부탁하는 겁니다. 거기선 더 간단하죠. 파는 일이 없이 틀기만 하면 되잖아요. 음반 가게는 진열, 재생, 확인 작업까지 세 번 가야 한다면 다방은 대개 한 번에 돼요. 차 한잔까지 같이하고 나면 확실해지죠.[4]

김영 대표가 시도한 홍보 방식이 바로 성과를 보이진 않았지만, 그가 대중음악계의 관행에서 벗어나 새로운 길을 개척했다는 점만은 분명하다. 한마디로 음반 배급 및 홍보의 틈새시장을 파고든 것이다. 동아기획은 이렇게 언더그라운드 음악계의 문을 두드리고 음악을 찾아 듣는 이들과 직접 만날 수 있는 현장을 공략하며 기획사로서의 토대를 다져 나갔다.

들국화로 시작된 도약, 신진 뮤지션의 영입

1985년 후반부터 1987년까지

1985년 9월 10일, 한국 대중음악의 수준을 한 단계 끌어올렸다고 평가받으며 대중에게 동아기획의 이름을 각인시킨 한

장의 앨범이 출시된다. 바로 들국화의 데뷔 앨범이다.

앨범 커버는 비틀스의 마지막 앨범 《Let it be》의 커버를 오마주하여 들국화의 멤버 전인권, 최성원, 허성욱, 조덕환의 사진에 노란 들국화 이미지를 얹어 디자인했다. 무려 180만여 장이 판매될 만큼 이 앨범에 쏟아진 대중의 반응은 뜨거웠다. TV를 통한 홍보 없이 이뤄낸 기록이기에 더더욱 놀라운 성과였다. 대중음악 연구자 박애경이 평했듯, "들국화는 80년대 한국 언더그라운드 음악의 한 장면을 강렬하게, 아주 인상적으로 보여주었다."[5]

음반 발매 전부터 들국화는 언더그라운드 씬에서 활동했는데, 1982년 8월 전인권과 허성욱이 이촌동 '까스등'에서 공연한 것이 들국화의 시작이었다. 2인으로 출발한 이들은 라이브 공연을 하면서 점차 팀 체제를 갖춰 나갔다. 그해 9월, 포크 가수 양병집이 운영하던 음악 카페 '모노'에서 이들의 공연을 지켜보던 최성원이 합류 의사를 밝히면서 3인 체제의 밴드가 되었다. 별다른 팀 이름 없이 공연을 이어가던 이들은 1983년 11월 종로 3가 피카디리극장 옆에 있던 '에스엠' 무대에 오르면서 '들국화'라는 이름을 처음 내건다. 이 이름은 최성원이 제안했는데, 당시 전인권이 그룹 스카이락의 〈와일드 플라워Wild Flower〉를 잘 부르기도 했고, '들국화 껌'을 씹다가 팀 이름으로 괜찮을 것 같

1985년 발매된 들국화 1집은 그보다 15년 전에 출시돼
전 세계를 감동시킨 비틀스의 《Let it be》 스페셜 에디
션 앨범의 커버를 오마주하여 디자인했다.

다는 생각이 들어 멤버들에게 의견을 구했다고 한다.[6] 그가 제안한 또 다른 팀 이름으로는 '코스모스', '들장미' 등이 있었다.[7] 이후 1985년 1월 파랑새소극장 공연 때 조덕환이 합류하면서 4인 체제의 들국화가 완성된다.

　라이브 공연을 위주로 활동하며 입지를 다지던 들국화는 음반 계약을 위해 경기도 파주의 지구레코드사로 가려던 중 광화문 버스 정류장 근처에 있는 박지영레코드에 들른다. 신중현이 운영한 이태원의 클럽 '라이브'에서 들국화의 공연을 눈여겨봤던 김영 대표는 단번에 이들을 알아보았다. 김영 대표는 우연히 이들을 다시 만나게 된 것을 천우신조로 여기며 음반을 제작하고 싶다는 뜻을 전했고, 들국화 멤버들이 내건 조건이 수용되면서 계약이 성사되었다.[8] 그날의 극적 만남이 없었더라면 들국화의 데뷔 앨범은 다른 음반사에서 나왔을지 모른다.

　들국화는 1집을 낸 뒤 연일 라이브 공연을 매진시키며 신화를 써 내려갔다. 신촌 크리스탈백화점 소극장 공연, 잠실 실내체육관 공연, 전국 순회 공연 등의 성공적 개최는 곧 국내 공연 문화의 새로운 정립으로 이어졌다. 이들의 흥행은 동아기획의 홍보 방식에도 변화를 가져왔는데, 전국의 레코드점과 음악다방을 순회하는 방식에서 공연을 매개로 하는 방식으로 바뀐 것이다.

어느 날은 제가 먼저 지치는 겁니다. 매번 전국 소매상 돌고 음
악다방 찾아가는 게. 몸이 피곤한 일이잖아요. 고생이죠. 그래서
들국화랑 상의했죠. 이제는 조금 힘들다. 앞으로 어떻게 하면 좋
을까. 들국화가 말을 꺼냈습니다. 우린 공연하면 됩니다.[9]

김영 대표의 회고에 따르면 들국화의 인기가 정상에 오르는
데 한 달이 채 걸리지 않았고, 라이브 공연의 흥행은 곧바로 앨
범 판매의 증가로 이어졌다.[10] 동아기획의 도약이 시작되는 시
점이었다. 들국화의 성공을 기반으로 동아기획은 음악성과 가
창력을 갖춘 가수 영입에 박차를 가한다.

1986년에 선보인 첫 음반은 한영애의 1집 《여울목》이다. 그
녀는 포크 그룹 해바라기로 데뷔한 뒤 대학 시절 전공한 연극
활동을 벌이다가 다시 가요계로 돌아와 이 앨범을 발표했다. 공
백기 동안 자신을 돌아보며 삶의 방향을 재모색했던 한영애는
이 앨범에 진솔한 감정과 자유로운 표현을 담아냈다. 기존 여성
가수들의 전형적인 나긋나긋한 창법의 틀을 깬, 참신한 여성
가수의 등장이었다.

그해에 동아기획은 조동진이 1979년과 1980년에 낸 1, 2집
을 재녹음해서 발매한다. 김광민, 조동익, 이병우, 조원익 등이
악기 세션으로 참여했는데, 이러한 신진의 기용은 대중음악 세

션계의 세대교체를 이끌어냈다는 평가를 받는다.[11]

하덕규는 들국화 공연에 자주 게스트로 참여한 것이 계기가 되어 시인과 촌장 2집을 동아기획에서 만들었다.[12] 김영 대표가 앨범을 제안한 시기는 시인과 촌장의 1집에서 함께했던 오종수가 자신만의 길을 걷기로 한 후였고, 하덕규는 대구에서 활동하던 기타리스트 함춘호를 찾아가 팀 활동을 제안한다. 그리고 두 사람이 의기투합한 결과 시인과 촌장 2집 《푸른 돛》이 세상에 나오게 된다. 하덕규의 자작곡에 함춘호의 인상적인 연주가 더해져 대중음악계에 족적을 남긴 앨범이다.

한편 이화의 3집 앨범은 1970~80년대 광고음악계를 이끌던 김도향의 소개로 제작되었다. 이화는 1981년 솔로 가수로 데뷔하여 1, 2집을 냈고, 이후 김도향의 광고 회사 서울오디오에서 해태음료, 코카콜라 등의 CM송을 부른 이력이 있다. 동아기획과의 다리를 놓은 김도향이 앨범 제작에 참여했으며, 김현식이 타이틀 곡을 포함한 몇몇 곡의 작사·작곡을, 정성조와 그의 백밴드 메신저스가 편곡을 담당했다.

1986년은 당시 동아기획의 두 축이었던 들국화와 김현식의 후속 앨범이 나온 해이기도 하다. 들국화 2집과 김현식 3집에는 '멤버 교체'와 '밴드 영입'이라는 변화가 있었다. 들국화의 경우 1집 녹음 작업 이후 탈퇴한 조덕환 대신 손진태와 주찬권이

합류해 5인 체제가 되었다. 그러다가 2집 발매 직전에 최구희가
추가 영입되면서 '트윈 기타' 시스템이 갖춰진다. 솔로 가수로 활
동하던 김현식은 앙상블을 통해 새로운 음악을 펼칠 채비를 한
다. 그는 김종진, 전태관, 장기호, 유재하를 영입하여 백밴드를
결성한 뒤 이름을 '봄여름가을겨울'로 정한다. 앨범 준비 과정에
서 팀을 탈퇴한 유재하 대신 박성식이 자리를 채우면서 백밴드
의 최종 라인업이 완성되었다.

들국화가 팬들의 성원에 보답하는 이벤트로 1집과 2집 정규
음반 사이에 발매한 《들국화 Live Concert》 앨범도 눈길을 끌
었다. 이 음반은 실제 공연장에서의 녹음본이 아니라 서울스튜
디오에서 이틀간 관객 수십 명을 초대한 뒤 가진 공연을 녹음
해 발매한 것으로 당시에 큰 화제를 불러왔다. 이후 앨범 작업
에 박차를 가한 들국화는 1986년 9월 들국화 2집을 세상에 내
놓는다.

한편 김현식은 1986년 막바지에 백밴드 봄여름가을겨울과
함께 작업한 3집을 선보인다. 〈비처럼 음악처럼〉이 크게 히트
한 이 앨범에는 백밴드 멤버들이 연주만이 아니라 작사·작곡으
로도 대거 참여했다. 김현식에게 이들이 단순한 연주 세션이 아
닌, 함께 음악을 만들어가는 동료였음을 유추할 수 있다.

해를 넘겨 1987년에 출시된 첫 앨범은 《우리노래전시회》 2집

최성원의 프로듀싱으로 1984년 서라벌레코드에서 제작된 《우리노래전시회》 1집(위). 이후에는 동아기획으로 옮겨와 2집(아래)과 3집을 내게 된다.

이었다. 최성원이 들국화 멤버로 활동하기 전에 만든《우리노래
전시회》1집은 개성 있는 싱어송라이터들이 여럿 참여한 옴니
버스 앨범으로 신선한 반향을 일으킨 바 있다. 들국화로 인연을
맺은 최성원이 김영 대표에게 판권을 넘기면서 2집은 동아기획
에서 제작되었는데, 앨범 커버 그림은 하덕규가 맡았다. 들국화,
시인과 촌장, 어떤날, 따로 또 같이, 소리두울, 박주연 등 당시 언
더그라운드에서 주목받던 가수이자 차후 동아기획과 인연을
맺게 될 이들이 참여한 앨범이다.

세션으로 활동하던 이들이 자신의 앨범을 낼 기회를 얻고, 또
다시 다른 동아기획의 앨범에 참여하여 음악의 수준을 높이는
것은 동아기획 특유의 방식이었다. 1987년에 발매된 이원재 1집,
괴짜들 2집, 믿음 소망 사랑 2집, 박주연 1집 곳곳에서 이러한 모
습이 보인다. 이원재는 1집을 내기 전에 베이스 및 클라리넷 연
주자로 들국화 1집, 조동진 3집 등에 참여했으며, 괴짜들 2집과
믿음 소망 사랑 2집에는 들국화의 최구희와 주찬권이 참여했
다. 가수로는 크게 성공하지 못했지만 작사가로 유명해진 박주
연의 1집에는 최성원이 곡을 주었다.

사실 1987년은 동아기획에게 일종의 기점이 되는 해였다. 동
아기획의 초창기를 견인한 그룹 들국화가 해체한 해였기 때문
이다.《1979~1987 추억 들국화》는 들국화라는 이름으로 활동

하기 전의 멤버 형태로 돌아가 전인권과 허성욱이 듀오로 낸 앨범으로, 이들이 팀 내에서 보여주지 못한 자신의 컬러를 드러냈다. 이 앨범 이후 들국화 멤버들은 각자 본격적인 개인 활동에 돌입한다.

이 시기에 동아기획은 들국화의 성공에 힘입어 공연으로까지 활동 영역을 넓히고 역량 있는 뮤지션을 발굴하여 성장에 박차를 가한다. 1987년 들국화는 해체되지만 동아기획은 서울 신문로2가의 새로운 사무실로 이전한 뒤 그다음 챕터를 써 내려간다.

백화만발 속에서 김현식이 피워낸 불꽃

1988년부터 1992년까지

그룹 활동을 하던 뮤지션들이 개별 활동을 벌이고 신진 뮤지션들이 새롭게 영입됨에 따라 동아기획의 음악은 상당히 다채로워졌다. 1988년에는 들국화 멤버들이 각자 열을 올리며 개인 앨범을 냈는데, 그중 전인권이 가장 먼저 1집 《파랑새》를 출시했다. 사실 전인권은 이전에 두 차례 개인 음반을 낸 적이 있어 실질적으로는 3집이었지만, 주도적으로 자기 음악을 펼쳐냈다는 측면에서 《파랑새》 앨범을 자신의 진정한 1집으로 명명했다.

전인권에 이어 솔로 음반을 낸 멤버는 최성원이었다. 들국화 앨범에서 〈그것만이 내 세상〉, 〈매일 그대와〉, 〈내가 찾는 아이〉 등을 작곡했던 그는 1집에서 들국화와는 또 다른 순수한 음악적 감수성을 유감없이 보여주었다. 이후 최성원의 바통을 이어받은 주자는 주찬권이었다. 그는 자신의 1집 전곡을 작사·작곡하고 기타, 건반, 드럼 연주까지 도맡으며 들국화에서 드러머로 한정되어 펼치지 못했던 다채로운 역량을 드러냈다.

들국화 멤버들이 각각 솔로 앨범을 선보인 데 이어, 블루스의 토착화에 앞장섰던 신촌블루스의 멤버들도 동아기획에 합류해 개인 앨범을 냈다. 먼저 이정선이 8집 《Ballads》를, 한영애가 2집 《바라본다》를 선보였고, 정희남도 자작곡을 담아 1집을 내놓았다. 또한 백밴드 봄여름가을겨울과 갈라서게 된 김현식이 〈언제나 그대 내 곁에〉라는 곡으로 잘 알려진 4집을 발표했다. 송홍섭은 이 앨범에 편곡자로 참여했는데, 그 인연이 김현식의 사후로도 이어져 줄곧 그의 사운드 한 편을 책임지게 된다. 윤상이 이 앨범에 수록된 〈여름밤의 꿈〉을 통해 작곡가로 데뷔한 것도 기억해둘 만하다.

시인과 촌장은 2집에 참여했던 함춘호가 자리를 비우면서 사실상 하덕규의 개인 작업처럼 3집 《숲》을 만들었다. 〈가시나무〉, 〈새날〉, 〈좋은 나라〉 등을 통해 하덕규의 성찰적 면모를 보여준 앨범이었다. 이처럼 1988년은 들국화의 전인권, 최성원, 주찬권, 신촌블루스의 이정선, 한영애, 정희남, 그리고 김현식, 시인과 촌장의 하덕규가 실질적으로 팀을 벗어난 개별 뮤지션으로서 앨범 작업을 한 해이다.

이해에는 새로운 밴드들의 앨범 발매도 이어졌다. 유영석, 이종석, 박준섭, 전영준으로 구성된 푸른하늘, 김현식의 백밴드 해산 이후 팀을 이룬 김종진과 전태관의 봄여름가을겨울이 이때 데뷔 앨범을 냈다. 이들이 선보인 감성적인 팝, 퓨전재즈, 훵크 록 등 새로운 장르를 통해 동아기획의 음악적 범주는 한층 넓어졌다.

최성원이 주도해 제작한 옴니버스 앨범 《우리노래전시회》 3집도 같은 해에 발매되었다. 박학기가 이 앨범에서 김현철이 작곡한 〈계절은 이렇게 내리네〉를 부른 뒤 동아기획에 합류했고, 이후 동아기획에서 솔로 앨범을 내게 될 하광훈이 자작곡 〈마지막 눈빛〉을 실었다. 이 앨범은 동아기획의 다음 시기를 이끌어갈 신진 뮤지션의 등용문 역할도 한 셈이다.

1988년에는 그룹 멤버들의 각개약진이 돋보였다면, 1989년에는 신진 뮤지션들의 도약이 도드라졌다. 박학기, 장필순, 김현철, 박문수, 한승호, 골고다가 동아기획에서 첫 앨범을 쏟아낸

시인과 촌장의 3집 《숲》(위)이 기존 동아기획 뮤지션의
저력을 보여준 앨범이라면, 김현철 1집(아래)은 신진
뮤지션의 참신함을 한껏 드러낸 앨범이었다.

시기인 것이다. 특히 작곡가로 갓 데뷔한 스무 살 청년 김현철의 활약이 눈부셨다. 그는 전곡을 작사·작곡·편곡하고 앨범의 프로듀싱까지 전담하여 1집을 냈을 뿐만 아니라 박학기와 장필순의 데뷔 앨범에서도 중요한 역할을 했다. 박학기 1집의 타이틀 곡 〈이미 그댄〉과 장필순 1집의 타이틀 곡 〈어느새〉가 김현철의 작품이었는데, 김현철의 도회적 음악 스타일에 박학기의 미성, 장필순의 몽환적 창법이 더해지면서 동아기획은 또 다른 참신한 사운드를 얻게 된다.

신촌블루스, 푸른하늘, 봄여름가을겨울도 완성도 높은 2집이 들고 나와 동아기획을 든든히 받쳐주었다. 신촌블루스는 김현식, 봄여름가을겨울 등이 가세하여 시너지를 낸 2집을 냈는데, 이 앨범에 수록된 〈골목길〉은 신촌블루스와 김현식 모두의 대표곡이 되었다. 푸른하늘은 2집 수록곡인 〈눈물 나는 날에는〉의 히트를 통해 세련된 발라드의 가능성을 확인시켜주었다. 봄여름가을겨울의 2집은 김종진의 자작곡으로만 채워진, 두 장짜리 더블 앨범이었다. 타이틀 곡인 〈어떤 이의 꿈〉이 널리 알려졌으며, 앨범의 처음과 마지막에 연주곡을 배치하여 '주어진 노래만 부르는' 가수로서의 한계를 넘어서 뮤지션으로서의 면모를 드러냈다.

들국화 1집의 전무후무한 흥행 이후 기존 뮤지션과 신진 뮤지션의 앨범이 대거 성공하면서 동아기획은 전성기를 맞이한다. 이에 걸맞게 1990년에는 기존 사무실 근방에 건물을 구입하여 회사를 확장 이전한다.[13]

1990년의 앨범 가운데는 빛과 소금 1집과 김현식 5집이 눈길을 끈다. 김현식의 백밴드 봄여름가을겨울에서 활동했던 장기호와 박성식이 한경훈과 함께 결성한 빛과 소금은 연주곡의 비중이 높고 재즈적 색채를 보인다는 점에서 봄여름가을겨울과 비슷하면서도 또 다른 감각을 드러냈다. 이어서 출시된 김현식 5집은 그가 간경화로 세상을 떠나기 전에 발표한 앨범으로, 병중에 느낀 고통과 어두움의 정서를 〈향기 없는 꽃〉, 〈넋두리〉 등에 고스란히 담았다.

같은 해에 발매된 신진 뮤지션의 앨범으로 최진영과 하광훈의 1집이 있다. 두 앨범은 비슷한 시기에 나왔는데, 작사가 박주연과 작업했다는 공통점이 있었다. 특히 하광훈은 첫 앨범의 전곡을 박주연 작사, 하광훈 작곡으로 채웠다. 이 외에 푸른하늘을 이끌던 유영석이 솔로 앨범을 냈으며, 신촌블루스의 3집 《이별의 종착역》, 〈어린 왕자〉, 〈솔직할 수 있도록〉 등이 수록된 최성원 2집을 비롯하여 이정선 9집, 푸른하늘 3집, 박학기 2집, 박문수 2집, 김병규 1집이 1990년에 발표되었다.

1991년 초에는 신촌블루스의 초기 멤버였던 정서용의 1집,

재즈적 색채와 연주곡의 매력을 담아낸 빛과 소금 1집
(위), 그리고 간경화로 세상을 떠나기 전에 발표한 김현
식의 5집(아래).

그리고 1989년에 데뷔 앨범을 냈던 장필순의 2집이 발매된다. 정서용의 앨범에는 김현철, 손진태, 이정선 등이, 장필순의 앨범에는 장기호, 한경훈, 손진태, 유영석 등이 작사·작곡으로 참여하며 동아기획의 내부 협업을 이어 나갔다.

1991년의 동아기획을 대표하는 앨범은 1990년 11월 1일 세상을 떠난 김현식의 6집이었다. 그가 생전에 작업한 곡들을 모아 제작한 앨범으로, 타이틀 곡 〈내 사랑 내 곁에〉는 「가요톱10」 1위를 기록했고 이 음반은 골든디스크 대상을 수상했다. "그는 가고 노래만 남았다. 그러나 그의 음악은 영원히 우리들 가슴속에 남아 언제나 노래할 것이다." 앨범에 적힌 이 소개말처럼 애절함이 가득 담긴 김현식의 노래와 하모니카 연주는 잠시 동안 세상에 머물다 간 '가객 김현식'을 오래도록 기억하게 했다.

1991년은 동아기획이 본격적으로 라이브 앨범을 제작한 해로도 기억할 만하다. 들국화의 활동을 통해 라이브 공연의 힘을 목도한 바 있는 동아기획으로서는 자연스러운 기획이었다. 공연을 통해 관객과 직접 상호작용하는 것을 중시했던 봄여름가을겨울의 《봄여름가을겨울 Live》, 그리고 신촌블루스의 《신촌블루스 라이브 Vol. 2》 앨범이 이때 제작된다.

또한 송홍섭이 더블 앨범으로 1집 《내일이 다가오면》을, 하광훈이 2집 《넌 또 다른 나》를 발표했으며, 〈꿈에서 본 거리〉가 히트한 푸른하늘 4집, 〈내 곁에서 떠나가지 말아요〉가 수록된 빛과 소금 2집이 연이어 발매되었다. 장필순, 박정운과 함께 '오장박'으로 활동하던 오석준이 동아기획에 합류하면서 〈웃어요〉가 수록된 3집을 낸 것도 같은 해였다.

1992년에는 1, 2집과 라이브 앨범으로 승승장구하던 봄여름가을겨울이 3집 《농담, 거짓말 그리고 진실》로 동아기획의 포문을 연다. 이 앨범은 미국 뉴욕의 ACME 스튜디오에서 전곡을 작업해 큰 화제가 되었다. 해외에서 녹음, 믹싱, 마스터링을 진행하는 것은 당시로선 매우 드물었으며, 막대한 자본이 투입되는 만큼 음악에 대한 확신 없이는 불가능한 일이었다. 봄여름가을겨울의 파격적인 시도에 대중들은 〈10년 전의 일기를 꺼내어〉와 〈아웃사이더〉에 환호하며 뜨거운 성원을 보냈다.

그다음으로 음반을 낸 이들은 조동익, 함춘호, 손진태, 김현철로 이루어진 프로젝트 팀 '야샤Yasha'였다. 퓨전재즈를 지향한 야샤 1집 《Yasha Collection》은 네 명의 뮤지션이 작곡한 연주곡들로 꽉 채워졌다. 대중음악 안에서 연주곡의 명맥을 이어가고자 했던 이들의 실험이 돋보이는 앨범이다. 야샤의 건반 주자 김현철은 개인 앨범 제작에도 매진하여 같은 해에 2집 《32℃ 여름》을 발표한다.

〈개똥벌레〉로 유명했던 신형원의 5집에 이어 엄인호가 주축이 된 신촌블루스 4집 《Rainy Day Blues》도 세상에 선보였다. '비'라는 소재와 '블루스'라는 음악 장르가 절묘하게 맞아떨어지는 앨범이었다. 또한 유영석은 클래식한 연주곡이 담긴 《유영석 소품집》을 내며 아티스트적인 면모를 한껏 드러냈다. 그는 연이어 푸른하늘 5집까지 발표하며 팀 활동과 개인 활동을 병행해 나갔다.

일찍부터 연주곡 기획에 공들였던 동아기획은 김현식의 히트 곡을 모아 연주 음반 《김현식 연주곡 모음》을 발매하기도 했다. 이는 김현식 생전에 음반 사운드를 책임졌던 프로듀서 송홍섭이 주도한 작업이었다. 한편 1992년 연말에는 영화 「그대 안의 블루」가 흥행에 성공하면서 김현철이 프로듀싱한 OST 앨범이 사랑받았다. 이 앨범을 통해 김현철과 듀엣을 했던, 낯선 사람들의 보컬 이소라가 세상에 이름을 알리기 시작한다.

기존 뮤지션들이 버팀목이 되고, 새로 영입된 뮤지션들이 성과를 내면서 동아기획은 음악적 지평을 넓혀 나갈 수 있었다. 그룹 멤버들의 솔로 앨범과 세션으로 참여했던 뮤지션들의 데뷔 앨범을 제작하면서, 또한 실력 있는 뮤지션들을 지속적으로 등용하면서 동아기획의 음악은 포크, 록 장르에서 나아가 팝과 재즈적 요소를 더해가며 저변을 확대해갔다.

신예 이소라의 등장, 시대의 변화 가운데서

1993년부터 1996년까지

동아기획은 1992년에 서울 종로구 내수동 110-15번지로 사무실을 확장 이전하면서 음반을 녹음하고 제조할 수 있는 스튜디오 공간과 프레스 시설을 마련한다.[14] 1982년 기획사로 출발한 동아기획이 10여 년 만에 음반사로서의 면모를 갖춘 것이었다. 1993년 초에 정식 음반사 등록을 마치면서 동아기획은 음반을 기획, 제작하고 배급까지 총괄하는 중견 음반사로 거듭나게 된다.[15]

그동안은 기획과 콘텐츠 제작에 주력하며 다른 음반사의 이름으로 앨범을 냈지만, 정식 음반사가 되면서 다른 기획사 및 뮤지션과 배급 계약을 맺은 뒤 유통을 책임지는 것도 가능해졌다. 가령 정원영 1집은 하나뮤직에서 기획한 뒤 동아기획이 배급을 맡았고, 미국 유학 후 귀국한 한상원의 첫 앨범도 그가 미국 뮤지션들과 작업한 결과물을 동아기획에서 발매한 경우다. '환경 보전 프로젝트'의 일환으로 김종서&서태지와 아이들, 공일오비, 봄여름가을겨울, 신승훈, 이승환, 신성우, 듀스, 잼 등이 참여한 《93 내일은 늦으리》앨범도 같은 경우였는데, 이 프로젝트는 다음 해에 《94 내일은 늦으리》앨범으로 이어졌다.

그렇다고 해서 동아기획이 기획과 제작을 멀리한 것은 아니었다. 1993년에는 배영준, 김태영, 박태수로 구성된 3인조 밴드 코나 KONA가 퓨전재즈를 바탕으로 한 1집으로 대중음악계에 도전장을 내밀었다. 빛과 소금의 장기호와 박성식이 이 앨범의 편곡과 프로듀싱을 맡으며 음악적 조언을 아끼지 않았다. 오석준과 봄여름가을겨울도 각각 4집을 냈다. 봄여름가을겨울은 이 앨범도 3집과 마찬가지로 뉴욕에서 제작했으며, 현지 세션과의 합주를 통해 자신들이 추구하는 음악을 마음껏 펼쳐냈다. 비록 흥행에 성공하지는 못했지만, 전태관은 이 앨범을 봄여름가을겨울의 최고작으로 꼽았다.[16] 1989년 MBC 강변가요제에서 은상을 수상한 뒤 다른 음반사를 통해 가수로 데뷔했던 박선주는 동아기획에 합류하며 2집《내가 그리고 싶었던 그림》을 선보였다. 전작과는 달리 자작곡으로 전체를 채우면서 뮤지션으로서의 박선주를 알린 앨범이었다.

1993년에는 동아기획에서 첫 음반을 발표하여 데뷔한 이들이 여럿 있었다. 현재 유리상자의 멤버로 활약 중인 박승화, 신촌블루스의 보컬로 활동했던 김형철, 재즈 피아니스트이자 작곡가로 잘 알려진 정원영, 기타리스트이자 정원영의 단짝이었던 한상원, 그리고 이익현, 이성재, 소나무, 사람과 나무가 모두 같은 해에 동아기획을 거쳐 1집을 발표한 이들이다. 또한 이 시기에 정원영, 한상원, 송홍섭, 김종진, 전태관이 프로젝트 그룹으로 '슈퍼 밴드'를 결성해 활동하지만, 음반 발매로까지 이어지지는 않는다.

이처럼 그 어느 해보다 많은 데뷔 앨범을 제작한 1993년, 동아기획은 자신을 대표할 만한 컴필레이션 앨범을 세상에 내놓았다. 바로《우리 모두 여기에》시리즈였다. 1988년부터 동아기획 뮤지션들이 함께 개최해온 콘서트의 이름을 따와《우리 모두 여기에》1, 2, 3집을 연달아 낸 것이다. 이 앨범은 참여 뮤지션들의 모습을 담은 기념사진을 커버로 활용하여 홍보 효과를 노림과 동시에 동아기획의 음악 공동체적 면모를 보여주었다.

한편 1994년에 선보인 주목할 만한 앨범으로 빛과 소금 4집을 꼽을 수 있다. 1, 2집을 내고 다른 뮤지션 음반의 작·편곡과 프로듀싱으로도 활약했던 빛과 소금은 동아기획을 잠시 떠났다가 4집을 통해 되돌아왔다. 이 간극에 대한 미안함 때문인지, 앨범 크레디트에 김영 대표와 동아기획 사람들에게 각별한 감사를 표하고 있다. 3인조로 출발한 빛과 소금은 3집부터 장기호와 박성식의 2인 체제로 재편되어 현재까지 활동하고 있다.

동아기획은 새로운 팀을 결성해 데뷔시키는 작업도 이어갔는데, 1994년에는 직접 곡을 쓰고 노래하고 연주도 하는 싱어송라이터 혼성 그룹 '피아노'를 론칭했다. 기존 동아기획 뮤지션들

1993년 발매된 《우리 모두 여기에》 2집의 커버 사진. 동아기획의 뮤지션들 가운데 베레모를 쓰고 서 있는 김영 대표의 모습이 보인다.

이 언더그라운드 음악을 지향하며 공연 중심으로 활동했다면, 이들은 TV로까지 활동의 폭을 넓히면서 이전 세대와의 차이를 보였다. 또한 코나와 주주밴드도 같은 해에 2집을 내며 밴드 음악의 명맥을 이어갔다.

1994년에 동아기획이 선보인 솔로 앨범으로는 푸른하늘이 해체된 뒤 드러머 송경호가 낸 1집, 유년 시절을 미국에서 보낸 재미교포 토미 키타^{Tomi Kita}(윤진호)의 《듣기 좋은 그 한마디》, 포크 록 밴드 종이연 때부터 윤도현과 함께 활동했던 엄태환의 1집, 동아기획에서 지속적으로 앨범을 낸 이정선의 10집이 있다.

또한 영화 「네온 속으로 노을지다」 OST 앨범도 제작되었다. 김현철은 영화 「그대 안의 블루」를 통해 인연을 맺은 이현승 감독의 후속작에서 다시 음악을 담당하여 도회적인 감성을 한껏 드러냈다. 영화는 흥행에 성공하지 못했지만, 김현철이 부른 〈끝난 건가요〉와 이소라와 함께한 〈그냥 이렇게〉, 〈네온 속으로 노을지다〉 등의 앨범 수록곡이 대중의 주목을 받았다.

1994년에는 동아기획의 활동이 살짝 주춤했는데, 이를 만회하려는 듯 1995년에는 컴필레이션 앨범 《우리 모두 여기에》의 4, 5, 6집을 연달아 출시한다. 이전 앨범과 마찬가지로 커버는 참여 뮤지션들의 단체 사진을 활용했다. 《우리 모두 여기에》 시리즈에는 이 시기에 대중음악을 즐겨 듣던 이들이라면 기억할 만한 곡들이 다수 수록되어 있다. 그야말로 동아기획의 음악적 일대기를 일목요연하게 보여주는, 대표 뮤지션들의 음악 모임집이었다.

1995년에는 그룹의 신작이 여럿 출시되는데, 가장 먼저 봄여름가을겨울이 뉴욕에서 제작한 5집 《Mystery》를 발표했다. 대중적인 멜로디로 돌아온 이 음반은 신중현의 〈미인〉을 리메이크하여 히트함으로써 4집의 부진을 만회했다. 댄스 그룹 잼의 3집과 혼성 그룹 피아노의 2집도 발매되었고, 곽상윤의 자작곡으로 채워진 잠수함 1집은 아날로그 녹음 방식을 채택하여 사운드의 차별화를 시도했다.

동아기획은 정식 음반사로 등록한 이후 한동안 전과 같은 굵직한 성과를 내지 못한다. 그러나 1995년 이소라의 데뷔 앨범을 내면서 이전의 명성을 되찾았다. 김현철이 프로듀싱한 이 앨범이 밀리언셀러를 기록하며 특수를 누리게 된 것이다. 중저음의 매혹적인 음색으로 재즈적 색채를 표현한 이소라의 보컬은 대중의 마음을 사로잡기에 충분했다. 1992년 서태지와 아이들이 등장하면서부터 대중음악계는 '듣는 음악'에서 '보는 음악'으로 재편되고, 10대를 중심으로 한 새로운 시장이 형성되고 있었다. 이러한 상황에서 TV에 출연하지 않고 음악만을 앞세워 대중 앞에 선 실력파 가수의 등장은 언더그라운드의 존재감

동아기획에 제2의 전성기를 가져다준 이소라의 1집과
2집. 이는 대중음악계에 언더그라운드의 존재감을 다
시 확인시켜주는 앨범이었다.

을 다시 한번 확인시켜주는 계기가 되었다. 한국 대중음악계에도, 동아기획에도 의미 있는 순간이었다.

동아기획에 제2의 전성기를 가져다준 이소라는 다음 해에 직접 프로듀싱한 2집 《영화에서처럼》을 선보이며 아티스트적 면모를 펼쳐 보였다. 이 앨범 속지에는 각각의 곡을 이미지로 구현한 삽화가 실려 있다. 왼쪽 면에는 곡의 제목과 가사를, 오른쪽 면에는 그림을 배치하여 음악을 구체적인 이미지로 형상화하고자 한 이소라의 시도가 돋보인다.[17] 〈기억해줘〉, 〈청혼〉, 〈Happy Christmas〉 등으로 대중의 폭넓은 사랑을 받았던 이 앨범은 평단에서도 좋은 평가를 끌어냈다.

이소라의 앨범이 보컬을 통해 재즈, 삼바, 록 등을 담았다면, 최광철의 《Jazz Sax》 앨범은 색소폰 연주에 스윙, 보사노바, 스무드 재즈 등을 실었다. 이 외에 1996년에 발매된 음반의 상당수는 소속 뮤지션들의 후속 앨범이었다. 사람과 나무 2집, 최진영 3집, 코나 3집, 봄여름가을겨울 6집이 이에 해당한다. 같은 해에 김장훈 3집이 발매된 것은 기억해둘 만하다. 김장훈은 서울음반과 삼성뮤직에서 각각 1, 2집을 낸 이력이 있었다. 라이브 무대 위주로 활동하던 김장훈을 영입한 동아기획은 '김현식의 사촌 동생'이라는 홍보 문구를 내세워 3집을 출시했지만, 큰 주목을 받진 못했다.

음반사로 정식 등록한 1993년 이후로 동아기획은 사업의 외연을 확장했으나 내적으로는 그간 유지해오던 특유의 음악적 정체성이 흐려지는 상황에 직면했다. 시대의 흐름에 따른 대중음악 산업의 변화도, 구심점 역할을 하던 조동진, 들국화, 김현식 등의 부재도 동아기획으로서는 돌파해야 할 사안이었다. 결국 소속 뮤지션들의 응집력과 추진력이 점차 약해지면서 동아기획은 쇠락의 길을 걷게 된다.

위기를 넘어서려는 시도, 그리고 좌절

1997년부터 2010년까지

이후로 동아기획은 위기를 극복하기 위해 다양한 시도를 한다. 1997년에 주력한 작업은 송홍섭의 송 스튜디오Song Studio에서 발굴한, 홍대를 중심으로 활동하던 인디 밴드들의 음반 제작이었다. 삐삐롱스타킹의 싱글《바보버스》와 3집《원 웨이 티켓》을 비롯하여 어어부 프로젝트, 도시락특공대, 황신혜밴드, 이윤정의 1집이 이러한 경로로 출시된다. 황신혜밴드 1집에서는 펑크 록을, 삐삐밴드의 전 멤버였던 이윤정의 1집에서는 테크노를 다루는 등 새로운 음악 장르에 대한 시도도 이어갔다.

그러나 송 스튜디오와 함께 인디 음악으로 대중음악계의 패러다임에 균열을 가하려던 실험은 결국 실패하고 만다.

이러한 가운데 혼성 그룹 피아노의 멤버였던 안성준의 솔로 1집, 신인 가수 리아의 1집, 1997년 8월에 박정운이 정동문화예술회관에서 진행한 공연의 실황 앨범 《LIVE&SINGLE》을 출시했다.

송 스튜디오와의 협업에 집중했던 1997년을 지나, 1998년에 동아기획은 김장훈의 4집 《1998 Ballads For Tears》로 화려하게 한 해를 열었다. 지금의 김장훈을 있게 한 그의 대표곡 〈나와 같다면〉, 〈사노라면〉이 수록된 앨범이었다. 동아기획으로 옮겨온 뒤 두 번째로 발표한 이 앨범이 라디오를 통해 큰 인기를 얻으면서 이전에 발표한 3집까지 다시금 주목받게 된다.

그 뒤를 이어 이소라의 3집 《슬픔과 분노에 관한》과 코나의 4집 《In Water》가 연달아 발매되었다. 이소라는 '슬픔'과 '분노'를 표현하는 음악을 각각 5곡씩 앨범에 담았는데, 감정이 짙어질수록 발라드에서 록발라드, 하드록, 헤비메탈까지 음악의 장르가 더욱 강렬해졌다. 창법 역시 이에 맞추어갔다. 파격적인 이소라의 시도는 뮤지션으로서의 자의식 표출이라는 측면에서 평단의 높은 평가를 받았지만, 대중의 반응은 전작에 비해 아쉬웠다.

지금의 김장훈을 있게 한, 그의 대표곡이 수록된 4집
(위), 그리고 동아기획이 캔기획과 협업하여 출시한, 박
완규의 솔로 1집(아래).

1998년에 동아기획은 위기를 만회하기 위해 새로운 컴필레이션 시리즈를 론칭한다. 김현식 6집의 부제에서 따와 《추억 만들기》라는 이름을 붙였는데, 1988년에 1, 2집이 출시되고 2000년까지 총 8장의 앨범이 제작되었다. 이전에 만든 컴필레이션 앨범 《우리 모두 여기에》와 달리, 《추억 만들기》는 동아기획뿐 아니라 다른 기획사의 인기 가수들도 작업에 참여했다. 그리하여 장혜진, 양파, 패닉, DJ DOC, 이승철, 권인하 등의 노래가 이 음반 1, 2집에 수록되었다.

1998년 전후로는 제작 음반 수가 줄어드는데, 박상민의 5집과 실황 앨범 《Thrill & Real Live》, 민치영 3집이 1998년에 발매되었다. 이 앨범들은 강렬한 감정 표현을 앞세운 음악이 주를 이뤘다.

1999년에 동아기획은 위기를 돌파하기 위해 또 다른 사업을 벌인다. 먼저 캔기획의 제작자 강승호와 협업하여 캔기획 소속 뮤지션들의 음반을 내기 시작한다. 그리하여 박상민, 장혜진, 박완규 등의 음반이 동아기획에서 출시된다. 이때 발표한 박완규의 솔로 1집 《천년지애》는 타이틀 곡 〈천년의 사랑〉이 히트하면서 박완규를 대표하는 앨범이 되었다.

다음으로 주력한 것은 10대 청중을 타깃으로 한 그룹의 론칭이었다. 여성 아이돌 그룹 씨유 See U와 여성 듀오 허쉬 Hush, 남성

3인조 그룹 보이스Voice가 이때 데뷔한다. 1990년대 후반부터 가속화된 음악 시장의 변화에 발맞추어 인기 음악 장르를 적극적으로 수용하려는 시도였다. 이러한 흐름은 2000년에도 이어져 여성 듀오 하니비Honeybee와 힙합 트리오 엘엘케이 캠프LLK Camp가 앨범을 발매한다. 이 외에 송승민 1집, 길정화(통일소녀) 1집, 빅독 1집, 임현정 3집, 코나 5집이 제작되었다.

한편 동아기획은 1999년 11월부터 7개월간 인기리에 방영된 MBC 드라마 「허준」의 주인공 황수정을 내세운 컴필레이션 음반《황수정의 러브레터》1, 2집을 출시했다. 대중의 뜨거운 관심을 받으며 단숨에 톱스타로 발돋움한 배우를 통해 화제를 끌고자 한 것이다. 이는 2001년 시 낭송 음반인《황수정의 고백》출시로 이어지며, 동아기획 초창기에 제작된 '사랑의 연주' 시리즈도 박스 형태의 모음집으로 이 시기에 발매된다.

2001년에 선보인 음반으로는 이소라의 공연 실황을 담은 라이브 앨범, 오랜 공백 끝에 내놓은 유영석의 솔로 2집, 가수 민설이 줄라이 모닝July Morning이라는 이름으로 발표한 1집, 그리고 그해에 제작한 유일한 데뷔 앨범인 닥터 퓨전Dr. Fusion 1집이 있다. 또한 2002년에는 여성 듀오 하니비가 제이에스J.S.라는 새 이름으로 낸 1집, 허쉬의 멤버 일진이 선보인 솔로 1집, 4인조 그룹 세인트Saint와 알앤비 듀오 드래곤플라이Dragonfly의 1집이 출시된다. 이소라와 함께 낯선 사람들에서 활동한 차은주가 버클리음대를 졸업한 뒤 귀국하여 낸 2집도 같은 해에 선보였다. 이앨범은 장기호가 프로듀싱했으며, 빛과 소금 멤버들이 가세해 차은주의 보컬에 걸맞은 음악을 만들어냈다.

한편 2002년에 출시된 봄여름가을겨울과 김현철의 새 앨범은 저물어가던 동아기획이 꺼내놓은 마지막 불씨 같은 음반이었다. 봄여름가을겨울은 6년 만에 7집 《Bravo, My Life!》를 발표하며 대중 앞에 섰다. 헝가리에서 찍은 앨범 커버 사진이 인상적인 이 앨범에는 오랫동안 기다려온 팬들에게 보답하려는 듯 18곡이나 되는 수록곡을 담았다. 동아기획의 전성기를 견인한 멤버인 김현철도 8집 《…그리고 김현철》을 발매한다. 2년간의 준비를 거친 뒤 선보인 이 앨범에는 김현철 홀로 노래한 1곡과 애즈원, 박효신, 롤러코스터, 박완규, 옥주현, 윤상, 봄여름가을겨울 등과 함께 노래한 12곡까지 총 13곡이 한 음반에 담겼다.

IMF의 여파로 경기가 침체되고, 소리바다와 같은 P2P 방식의 불법 음원 다운로드 사이트가 활성화되면서 대중음악 산업은 하향세로 접어들고 있었다. 이러한 시대 상황과 맞물려 동아기획에서 발매한 음반 수는 손에 꼽을 정도로 줄어들었다. 2003년에 원재규 1집, 2004년에 전인권 6집, 2010년에 무니 3집을 동아기획이 출시한 것으로 확인된다.

동아기획이 쇠퇴한 원인으로는 '초창기 동아기획을 이끌던 뮤지션들의 이탈'이라는 내부적 요인과 '음악 수용자의 세대교체'라는 외부적 요인을 들 수 있다. 또한 디지털 기술이 발달하면서 가창, 악기 연주 등 라이브 공연에 특화된 동아기획 뮤지션들의 장점을 부각하기 어려운 것도 문제였다. 동아기획은 여러 시도를 통해 이전의 명성을 되찾고자 했지만, 시대의 변화를 거스르기엔 역부족이었다. 한국 대중음악계의 새로운 지평을 열었던 동아기획의 시대는 이렇게 저물어갔다.

3장

동아기획의 정체성

제작 과정도, 홍보 방식도 남달랐다

한계를 넘어서며 또 다른 길을 내다

    2021년 SBS 창사 30주년 특별 기획으로 제작된 「전설의 무대 아카이브K」 프로그램은 한국 대중음악의 역사를 기록한다는 측면에서 많은 이들의 관심을 받으며 성공적으로 방영을 마쳤다. 이중 여덟 번째 꼭지로 한국 대중음악계의 지형을 바꿔놓은 일명 '동아기획 사단'을 조명했는데, 방송 이후 페이스북, 인스타그램, 블로그 등에 이에 대한 이야기가 한가득 메워졌다. 소중히 모아왔던 음반, 동아기획 패밀리 카드, 콘서트 티켓 등의 사진을 비롯해 이와 관련한 에피소드에는 그때 그 시절의 추억이 고스란히 담겨 있었다. 대중들의 마음속에 동아기획이 여전히 기억되고 있음을 엿볼 수 있는 대목이었다. 방송에서 인터뷰를 한 이들이든 SNS에서 옛 추억을 꺼내놓은 이들이든 일맥상통하게 언급한 지점은 '동아기획은 달랐다'는 것이었다. 그렇다면 동아기획은 무엇이 그렇게 달랐던 걸까?

앞서 간략하게 언급했듯이, 동아기획은 음반 제작 과정부터 차별화된 지점이 있었다. 가령 1980년대의 대표적인 음반사 중 하나인 지구레코드의 경우를 살펴보자. 당대를 주름 잡은 조용필, 전영록, 이용, 이선희 등이 소속 가수로 활동했던 지구레코드는 제작 1·2부, 생산부, 녹음부, 기술부, 디자인부, 영업부 등의 부서로 구성되었다. 전속 작사가와 작곡가가 문예부장의 주도 아래 가수들의 음반을 제작했는데, 문예부장은 음반 제작 업무를 총괄하며 모든 결정권을 쥐고 있었다.[1] 이처럼 문예부장의 지휘 아래 전속 작사가와 작곡가, 악단장이 분업하는 1980년대의 대중음악 제작 시스템은 1930년대의 음반 제작 시스템을 답습한 것이었다. 작사가의 가사에 작곡가의 선율이 붙고, 악단의 연주가 가미된 음악에는 가수의 목소리가 덧입혀졌다. 이렇게 완성된 음반은 가수의 음반이기 이전에 작사가와 작곡가의 작품이었다. 당시에는 지구레코드뿐만 아니라 오아시스레코드, 신세계레코드, 성음레코드, 아세아레코드 등 주요 음반사들이 이 공식에 맞춰 음반을 제작하고 있었다. 반면에 동아기획은 1980년대에 새롭게 등장한 PD 메이커 시스템을 바탕으로 전속 계약 시스템의 틈새를 파고들며 음반의 콘텐츠를 만드는 데 집중하는 기획사로서 활동을 시작했다.

동아기획의 김영 대표는 국내 대중음악 음반의 열악한 사운드에 문제의식을 품고 스튜디오 녹음에 전폭적인 투자를 감행했다. 그는 당대 최고의 시설과 최신식 음향 장비를 보유한 서울스튜디오를 녹음실로 택했다. 1976년 16채널 멀티 녹음을 처음 도입한 이래로 1980년 24채널 멀티 녹음, 1988년 디지털 32트랙 녹음을 시도하며 국내 음향 기술의 발전에 앞장섰던 서울스튜디오에서 대부분의 동아기획 음반이 녹음되었다. 또한 녹음 작업뿐 아니라 녹음 이후의 믹싱 및 마스터링 작업에도 공을 들였다. 섬세한 녹음과 후반 작업이 이어지니 사운드의 질이 높아지는 것은 당연한 수순이었다.

사실 기성 음반사들은 음반을 녹음할 때 악단을 모두 수용할 수 있는 큰 스튜디오를 대관해야 하므로 비용 부담이 컸다. 그래서 한정된 시간 안에 많은 양의 곡을 녹음해야만 했고, 음악의 완성도는 떨어질 수밖에 없었다. 반면 통기타 반주나 밴드 편성이 주를 이룬 동아기획의 경우, 악단에 비해 연주자 수가 적었기 때문에 큰 스튜디오를 대관할 필요는 없었다. 이러한 지점이 자신 있게 스튜디오 녹음에 투자하는 여건으로 작용했겠

1980년대 서울스튜디오의 가장 큰 녹음 공간이었던 '스튜디오 A'의 내부와 외부 모습. 내부는 332제곱미터 크기에 층고가 9미터에 달했으며, 위의 사진은 이곳에서 86 아시안게임 개폐회식 음악을 녹음하는 장면이다. ⓒ 서울스튜디오

지만, 동아기획의 시도는 이를 넘어서는 것이었다.

스튜디오의 이용 시간만 견주어보더라도 동아기획은 다른 음반·기획사와 상당히 달랐다. 스튜디오의 등급과 이용 시간은 음반 제작비의 규모를 결정하는 주요 사안인데, 음악 스튜디오는 프로 단위로 이용료를 지급하며 1프로는 3시간 30분이다. 1979년 데뷔한 뒤 1981년에 2집을 발표한 '작은 거인' 김수철은 한 인터뷰에서 자신의 스튜디오 이용 현황을 밝힌 바 있다. 그는 1집을 B, C급 스튜디오에서 녹음했고, 2집은 높은 등급의 스튜디오를 사용했지만 음반사로부터 5프로 안에 연주, 노래, 믹싱 등 모든 과정을 끝내라는 지시를 받았다고 한다.[2] 1집에 비해 2집의 조건이 더 낫긴 했지만 뮤지션의 역량을 발휘하기엔 턱없이 부족한 시간이었다. 〈못다핀 꽃 한송이〉로 첫 음반을 히트시킨 가수의 상황을 통해 당대 음반사의 레코딩 투자 현황을 미루어 짐작해볼 수 있다.

그렇다면 동아기획은 어떠했을까? 가령 봄여름가을겨울은 1988년에 낸 데뷔 음반에 제작비를 가장 적게 들였는데, A급인 서울스튜디오에서 보컬 및 악기 녹음, 더빙, 믹스 다운의 과정까지 21프로를 썼다. 3, 4집은 미국 뉴욕의 ACME 스튜디오에서 레코딩과 관련한 전 과정을 진행했는데, 이때 들인 시간은 자그마치 100프로였다.[3] 김수철 2집과 봄여름가을겨울 데뷔 음반의 제작 시기는 다소 차이가 나지만, 두 앨범 모두 1980년대에 제작되었다는 점을 감안하고 비교해보면 다른 음반사와 견주기 어려울 정도로 동아기획이 레코딩에 과감한 투자를 했음을 알 수 있다. 음반이 판매되기 전까지 수익을 확신하기 어려운 상황에서 이러한 투자를 한 것은 대표의 경영 철학과 확신이 있어야만 가능한 일이었다.

한편 당대의 음반사들은 자본력과 기획력을 통해 주류 매체인 TV에 가수들을 출연시킴으로써 음반을 홍보하고 판매 수익을 올렸다. 대중음악을 홍보하는 길이 다양하지 않던 상황에서 지상파 방송에 출연하여 시청자들에게 눈도장을 찍는 것이 가장 확실하고 효과적인 홍보 방법이었기 때문이다. 1980년 방송 통폐합이 이뤄지고 컬러 TV가 도입되면서 TV 매체의 권력은 한층 강화되었고, 방송 출연은 가수에게 필수적이고 자연스러운 활동으로 자리 잡았다.

1980년대의 대표적인 가요 프로그램 「100분쇼」는 KBS의 경음악단과 합창단, 무용단이 출연 가수와 함께 무대를 운용하는 형태로 제작되었다. 프로그램 제목에서 짐작할 수 있듯이, 음악을 위한 방송이라기보다는 쇼에 가까웠다. 즉 기성 음반사 산하의 전속 작사가, 작곡가의 곡을 받아 노래하는 방식이 아닌, 본인의 노래를 직접 작사·작곡하고 연주하는 이들에게 TV

방송은 적합하지 않은 환경이었다. 라이브 연주를 하기에는 당시의 방송국 시설 및 시스템이 열악했던 데다가 주류 대중음악의 비즈니스에서 벗어나고자 했던 언더그라운드적 태도 또한 이들을 자연스럽게 TV에서 멀어지게 했다. 창작 행위와 라이브 연주를 통해 자신의 개성을 음악에 담아내려 했던 이들에게는 또 다른 길이 필요한 상황이었다. 조동진, 김현식, 들국화, 시인과 촌장과 같은 언더그라운드 가수들이 대거 동아기획에 합류하면서 동아기획은 기존 경로와 다른 길을 적극적으로 모색하기 시작했다.

동아기획은 음반을 낸 뒤 가수가 TV에 출연하여 신곡을 홍보하는 관행을 깨려 했다. 레코드점을 운영한 경험이 있는 김영 대표는 음반과 수용자 사이의 매개 역할을 하던 전국의 레코드점과 음악다방을 직접 찾아다니면서 음반을 홍보하고 배급 계약을 맺었다. 1985년 가을, 들국화가 첫 음반을 발표하고서 방송 출연 없이 라이브 공연만으로 흥행의 돌풍을 이어가자 방송국의 라디오 PD들이 앞다투어 들국화의 음반을 찾아 트는 역전 현상이 벌어졌다. 들국화의 성공을 계기로 동아기획은 공연을 통한 홍보라는 또 다른 길을 만들어낸 것이다.

서로 품앗이하는 음악 공동체를 만들다

뮤지션 추천 제도를 통해 협업을 끌어내다

1980~90년대에 가수로 등용된 이들은 일반적으로 음반·기획사에서 진행하는 오디션에 합격한 뒤 데뷔의 과정을 밟았다. 시간이 지나면서 가수를 발굴하고 데뷔시키는 주체가 음반·기획사에서 엔터테인먼트 체제의 소속사로 바뀌었을 뿐, 이 과정은 예나 지금이나 별반 달라지지 않았다. 가요제에 입상하거나 관계자에 의해 발탁되는 경우도 있긴 하지만, 오디션은 가수의 역량을 확인할 수 있는 매우 효과적인 방법이기 때문이다. 지금은 가수의 활동을 통해 거둘 수 있는 수익이 다변화되었지만, 과거에는 음반 판매가 수익의 대부분을 차지했다. 그렇다 보니 음반·기획사로서는 가수를 선발할 때 이에 초점을 맞춰 심사숙고해야만 했다.

그렇다면 동아기획은 어떤 방식으로 가수를 영입했을까? 그 어느 음반·기획사보다 더 깐깐하게 오디션을 진행했을 것 같지만, 사실 동아기획은 당시에 오디션 없이 신입을 영입한 유일무이한 곳이었다. 오디션을 대신한 것은 바로 '동아기획 소속 뮤지션들의 추천 제도'였는데, 이러한 영입 방식을 통해 동아기획은 독특한 내부 분위기를 만들어갔다. 이로써 비슷한 성향의 음악을 추구하는 이들이 한자리에 모이게 된 것이다. 소속 뮤지션에 대한 신뢰가 두텁고 음악적 존중이 뒷받침되었기에 이러한 제도가 가능했을 것이다.

가령 봄여름가을겨울 김종진의 소개로 동아기획에서 데뷔한 기타리스트 한상원은 오디션을 보지 않은 건 물론이고, 데모 테이프도 들려주지 않은 채 동아기획과 음반 계약을 맺었다.[4] 이러한 뮤지션 추천 제도는 초창기 멤버인 김현식, 조동진, 들국화에서부터 시작된 것이었다. 봄여름가을겨울의 김종진과 전태관, 빛과 소금의 장기호와 박성식, 신촌블루스의 이정선, 엄인호, 한영애 등은 김현식의 추천으로 영입되었고, 시인과 촌장의 하덕규는 전인권의 추천을 통해 합류한다. 이후 하덕규는 장필순을, 최성원은 박학기를, 김현철은 이소라를 추천했고, 동아기획은 그렇게 뮤지션들의 무리를 형성하게 된다.

「전설의 무대 아카이브K」 방송에서 동아기획 뮤지션들은 동아기획이 음반·기획사이기 이전에 하나의 음악 공동체였다고 회고했다. 이러한 여건이 조성된 중심에는 '언더그라운드의 대부' 조동진이 있었는데, 이는 1980년대의 언더그라운드 네트워크, 일명 '조동진 사단'과 관련이 깊다. '조동진 사단'이란 가수 조동진을 따르는 후배 가수들을 지칭하던 말인데, 이들은 소극장 무대에 올라 공연하거나 음반을 녹음할 때면 서로 대가 없이 품앗이하며 도움을 주었다. 그리고 김현식, 전인권, 최성원, 하덕규, 함춘호, 장필순 등 조동진 사단이 다수 동아기획에 영입되면서 이곳에 서로의 음악 작업을 돕는 풍토가 자연스럽게 조성되었다.[5]

　보통 음악 작업을 하는 사람들을 역할별로 나눌 때 작사, 작곡, 편곡 등을 담당하는 창작자, 악기 연주, 보컬, 코러스 등을 담당하는 실연자로 구분한다. 음악 안에서 상부상조했던 동아기획 뮤지션들은 개별적으로 자기 앨범을 내면서도 다른 동아기획 앨범의 창작자와 실연자로 개입해 적극적으로 활동했다. 다른 음반·기획사에서 일시적으로 세션을 고용해 음반을 만들었던 것과는 상당히 다른 양상이었다.

　그 실태를 알아보기 위해 1989년에 발매된 박학기 1집의 앨범 정보를 살펴보자. 오른쪽 표에서 확인할 수 있듯이, 가수 박학기의 데뷔 음반은 박학기, 조동익, 김현철의 창작곡으로 채워졌다. 음반의 커버를 가린 채 크레디트만 먼저 본다면, 솔로 가수의 음반이라기보다는 세 명으로 이뤄진 팀의 음반으로 보일 것이다. 이들의 이름이 반복해서 보이니 마치 공동 작품집처럼 느껴지기 때문이다. 작사와 작곡은 한 명의 창작자가, 편곡은 앨범에 참여한 창작자들이 함께했고, 이는 가수인 박학기의 보컬을 통해 표현되었다. 이러한 공동 작업은 당시의 관행이었던 전

박학기 1집 앨범 정보

곡 이름	작사	작곡	편곡
이미 그댄	김현철	김현철	김현철, 박학기, 조동익
향기로운 추억	조동익	조동익	김현철, 박학기, 조동익
계절은 이렇게 내리네	김현철	김현철	김현철, 박학기, 조동익
아름다운 비밀	조동익	조동익	김현철, 박학기, 조동익
3:00 AM	박학기	박학기	김현철, 박학기, 조동익
내 소중한 사람에게	박학기	박학기	김현철, 박학기, 조동익
나른한 오후	김현철	김현철	김현철, 박학기, 조동익
여름을 지나는 바람	김현철	김현철	김현철, 박학기, 조동익
북강변	김현철	김현철	김현철, 박학기, 조동익

속 제도에서의 작사가, 작곡가 콤비 작업물과는 분명한 차이가 있었다.

　이듬해 발매된 박학기 2집에서는 동아기획 뮤지션들의 참여 폭이 더욱 넓어졌다. 창작자 명단에 빛과 소금의 장기호를 비롯해 조동익과 김현철이, 연주자 명단에는 들국화의 손진태, 허성욱, 시인과 촌장의 함춘호, 빛과 소금의 박성식, 한경훈이 이름을 올렸다. 서로 교류하며 음악적 고민을 나누던 동아기획 뮤지션들은 이처럼 음반 작업을 하면서도 상부상조했다.

　동아기획에서는 사운드 전반을 진두지휘하는 프로듀서 또한 그 역할이 한정되어 있지 않았다. 가령 밴드 사랑과 평화, 조용필과 위대한 탄생에서 베이시스트로 활동하며 작·편곡을 병행한 송홍섭은 이후 동아기획에서 솔로 앨범을 냈다. 즉 음악 창작자이자 연주자이면서 음반을 내는 뮤지션이었는데, 그는 김현식 4집을 비롯해 사후 앨범인 6집까지 프로듀싱을 담당했다. 또한 봄여름가을겨울 1, 2집, 한영애 2집, 장필순 2집에서는 프로듀서이자 베이시스트로 참여하여 동아기획의 사운드에 기여했다.

　어떤날의 멤버이자 가수 조동진의 동생인 조동익이 동아기획을 그라운드 삼아 활동한 점도 이채롭다. 조동익을 동아기획 뮤지션으로 착각하는 경우가 많은데, 사실 그는 동아기획 소속이 아니었지만 작사, 작곡, 편곡, 연주, 프로듀싱 등으로 동아기획의 여러 음반에 참여했다. 가령 박학기 1집에서는 작사가, 작곡가, 편곡자, 베이스 연주자로, 박학기 2집에서는 1집의 역할에 더해 어쿠스틱 기타와 퍼커션 연주자에다가 프로듀서로까지 활약했다. 동아기획 뮤지션들이 조동익과 교유하며 그의 음악적 역량을 끌어안을 수 있었던 것은 동아기획의 공동체적 틀이 그만큼 유연했기 때문일 것이다.

조동익의 추천으로 갓 고등학교를 졸업한 나이에 동아기획에 합류한 김현철 역시 박학기와 장필순의 음반에서 작사·작곡·편곡을 맡았고, 이소라의 데뷔 앨범에는 프로듀서로 이름을 올렸다. 그는 개인 음반을 내고 가수로 활동하던 중에도 최성원 2집의 건반 세션으로 참여했고, 프로젝트 팀 야샤의 멤버로도 활약했다.

동아기획에서는 이러한 사례를 너무나도 많이 찾아볼 수 있다. 송홍섭, 조동익, 김현철, 함춘호, 손진태, 장기호, 김종진, 전태관 등이 연주와 프로듀싱 영역에서 동아기획의 음반 전반에 참여했다면, 장필순, 전인권, 김현식 등은 자신의 목소리로 동아기획의 사운드를 채워 나갔다. 특히 소리두울 출신의 장필순은 조동진의 1, 2집 재레코딩 버전을 시작으로 동아기획의 다수 음반에서 보컬 코러스로 활약했다. 잘 알려진 예로, 푸른하늘 3집

송홍섭, 조동익, 장필순은 동아기획의 여러 음반에 참여하여 음악의 빛깔을 만들어내는 창작자와 실연자로 활약한 뮤지션들이다.

의 타이틀 곡 〈이 밤이 지나도록〉과 김현철 1집의 〈오랜만에〉
에서 흘러나오는 장필순의 목소리는 음악을 고급스럽고 세련되
게 만들어주는 포인트가 되어주었다. 동아기획 뮤지션들은 장
필순의 코러스를 두고 "곡의 완성도를 높이고 흥행에도 큰 도움
이 되는 보증수표와 같았다"고 입을 모아 말했다.[6]

　함춘호는 동아기획 뮤지션들이 "특별한 약속을 하지 않더라
도 자연스레 서로의 코러스를 하고, 지나가다 만나면 서로의 녹
음 작업을 도왔다"고 회상했다.[7] 이는 조동진 사단의 품앗이 관
행에서 비롯된 것이었지만, 음악 창작과 실연이 가능한 재능 있
는 뮤지션들이 한 기획사에 다수 포진해 있고 그 분위기가 열려

있었기에 가능한 일이었다. 동아기획 뮤지션들의 상호 협력은 시너지 효과를 내면서 음악적 성장을 가져왔을 뿐만 아니라 기획사의 정체성으로까지 이어졌다. 동아기획의 이름을 내건 합동 공연을 열고 공동 앨범을 제작하는 데까지 나아간 것이다.

　1988년 4월 2일 여의도 63빌딩 국제회의장에서 개최된 동아기획의 연합 라이브 콘서트가 그 시작이었다. '우리 모두 여기에'라는 타이틀이 붙은 이 공연은 조동진이 연출을 맡았고, 동아기획 뮤지션들이 총출동했다. '우리'와 '모두'는 동아기획의 공동체적 특징을 집약적으로 보여주는 단어였다. 이 공연은 1990년, 1992년, 1993년에 같은 이름으로 같은 장소에서 열리면서 동아기획의 상징 중 하나로 자리 잡는다. 푸른하늘 3집에 수록된 〈우리 모두 여기에〉는 자연스럽게 이 공연의 엔딩 곡이 되어, 뮤지션들은 함께 무대에 올라 한목소리로 "우리 모두 여기에 모여/ 서로의 짐을 풀어놓고/ 같은 곳을 향해 노래할 거야"라는 후렴을 열창했다. 이는 음반 제작으로도 이어져, 1993년부터 1995년까지 같은 제목의 컴필레이션 앨범 6종이 발매되었다. 동아기획 주역들의 히트 곡으로 채워진 《우리 모두 여기에》 시리즈 앨범은 이들의 음악 공동체적 정체성을 여실히 드러낸 작업이었다.

'따로 또 같이' 뭉쳤다가 흩어지다

개인으로서, 팀으로서 다채로운 음악을 선보이다

동아기획 뮤지션들은 서로의 음악에 품앗이하는 것을 넘어서, 여러 형태로 흩어지고 또다시 만나 활동하는 이합집산을 반복해 나갔다. 대중음악 연구자 최지선에 따르면, 따로 활동하면서 또 같이 활동하는 이른바 '따로 또 같이' 방식은 1970년대 말 여러모로 자원이 부족한 언더그라운드 씬의 대안 중 하나였고, 자유분방한 언더그라운드 가수들의 성향에도 잘 들어맞다.[8] 이들의 유연한 교류와 협업은 동아기획 안에서 더욱 강화되는 양상을 보였다.

김현식은 이러한 방식을 활용하여 자신의 음악성을 다채롭게 표현한 대표적인 뮤지션이다. 그는 동아기획에 들어오기 전에 종로의 음악다방에서 통기타 가수로 활동하던 중 가수 이장희의 눈에 띄어 1981년에 1집 《봄 여름 가을 겨울》을 냈다. 이 앨범이 히트하진 못했지만, 그는 1983년부터 재즈를 기반으로 한 '정성조와 메신저스', 록을 기반으로 한 '동방의 빛', '검은 나비' 같은 밴드에서 보컬로 활동하며 음악적 저변을 넓혀 나갔다. 당시에 가수들이 설 수 있는 무대는 '소극장 무대'와 '밤무대'로 나뉘었는데, 많은 가수들이 어느 한쪽을 택한 반면 김현

식은 양쪽을 모두 오가며 활동했다.[9]

동아기획에 합류하여 〈사랑했어요〉가 수록된 2집으로 대중들에게 이름을 알린 김현식은 자신의 백밴드 '봄여름가을겨울'을 결성하기에 이른다. 이로써 대중들은 혼자 반주에 맞춰 노래 부르는 솔로 가수에서 밴드와 함께 음악적 다양성을 표현하는 김현식을 만나게 된다. 백밴드 체제를 갖춘 뒤 발표한 김현식 3집에는 김현식뿐만 아니라 백밴드 멤버들의 창작곡이 다수 수록되었다. 음악은 예전보다 다채로워졌고 음반의 완성도도 높아졌다. 이 앨범에 수록된 〈비처럼 음악처럼〉이 크게 히트하면서 대중음악계에서 동아기획의 입지 또한 굳건해진다.

이대로 승승장구할 것만 같았건만, 현실은 또 다른 방향으로 흘러갔다. 1987년 김현식이 대마초 투약 혐의로 구속되면서 활동을 할 수 없게 된 것이다. 이로 인해 김현식의 백밴드 멤버들은 각각 '봄여름가을겨울'과 '빛과 소금'을 결성하여 음악 활동을 이어가게 된다.

휴지기를 거친 김현식은 1988년 2월 63빌딩 컨벤션센터에서 재기 콘서트를 열며 다시 대중 앞에 선다. 그리고 그는 이정선과 엄인호가 이끄는 신촌블루스에 몸을 담았다. 신촌블루스 2집과 3집에서 김현식은 블루지한 음색과 소울풀한 보컬 애드립을 선보이며 블루스 장르를 토착화하는 데 기여했다. 이정선,

엄인호, 한영애, 김형철, 정서용 등 신촌블루스에서 활동했던 이들 역시 김현식과 마찬가지로 동아기획에서 개인 음반을 냈다.

전인권, 최성원, 허성욱이 들국화를 결성하기 전에 그룹 '따로 또 같이'에서 엇갈린 시기에 활동한 점도 눈에 띈다. 전인권은 따로 또 같이 1집에서 활동한 뒤 팀에서 탈퇴했고, 최성원과 허성욱은 2집에 기타와 피아노 세션으로 함께했다. 그러던 이들이 다시 언더그라운드 씬에서 만나 들국화를 결성한 것이다.

밴드는 악기를 담당하는 멤버들의 앙상블로 음악이 완성되는데, 개인 사정, 음악 성향 등에 대한 이견 등이 불거지면서 멤버 교체가 이뤄지거나 팀이 해체되는 일이 잦다. 들국화 역시 1985년 전인권, 최성원, 허성욱, 조덕환의 4인조로 1집을 냈지만, 다음 해에 2집을 낼 때는 멤버가 바뀌어 조덕환이 빠지고 주찬권, 최구희, 손진태가 가담한 6인조로 재편되었다. 그런데 들국화는 멤버 교체와 팀 해체를 거치는 와중에도 다양한 조합으로 뭉치고 흩어지기를 반복했다.

1987년은 들국화가 해체한 뒤 멤버들이 약속이라도 한 듯 각자 흩어져 새로운 팀 활동에 돌입한 시기이다. 최구희는 괴짜들 2집을 통해 한국적인 록 사운드를 들려주고자 했고, 최성원과 주찬권은 이 앨범에 뮤직 디렉터로 참여하여 음악적 방향성을 제시해주었다. 또한 1982년 최구희와 함께 믿음 소망 사랑 1집

6인조로 재편된 들국화 시절의 모습. 오른쪽부터 손진태, 최성원, 전인권, 주찬권, 최구희, 허성욱. 그러나 이렇게 6인조로 활동한 시기는 상당히 짧았다.

을 냈던 주찬권은 최구희가 괴짜들 2집에 전념할 동안 믿음 소 망 사랑 2집을 주도적으로 이끌어갔다.

　전인권과 허성욱도 그해에 《1979~1987 추억 들국화》 앨범 을 냈다. 흥미로운 사실은 이 앨범에 들국화의 멤버였던 최성원, 주찬권, 최구희가 세션으로 참여한 점이다. 팀은 해체되었지만 음악은 함께 해나간 것이다. 들국화인 듯 들국화가 아닌 듯한 이 앨범에 대해 전인권은 "두 아티스트의 음악적 결합이 이루어 진 듀오 앨범이라기보다는 허성욱의 음악 색에 전인권의 목소 리가 더해진 형태의 앨범"이었다고 회고했다.[10]

　본인의 음악을 주도적으로 펼치지 못한 아쉬움 때문이었을까? 전인권은 다음 해에 솔로 앨범을 발표한다. 1987년에 들국화 멤버들이 새로운 팀을 통해 활동했다면, 1988년부터는 전인권을 필두로 멤버들이 개별적으로 솔로 앨범을 냈다. 전인권은 "'독창적인 음악 세계를 만들고 싶은 욕심에서 솔로를 택했다'며 그룹 이탈보다는 음악적인 욕심을 강조했다."[11] 팀 해체보다는 음악으로 주목받기를 바란 전인권의 마음을 읽을 수 있는 발언이다.

전인권은 이전에 두 차례 솔로 앨범을 낸 적이 있지만, 이때 발표한 《파랑새》야말로 진정한 자신의 첫 솔로 앨범이라고 밝힌 바 있다. 그는 〈사랑하고 싶어〉에서 포효하듯 울부짖는 창법을 여과 없이 드러냈고, 〈사랑한 후에〉와 〈아직도〉에서는 애절함을 극대화한 보컬을 선보였다. 이 앨범의 절반은 전인권의 자작곡으로 채워졌으며, 나머지 절반에는 들국화 1집에 수록된 〈아침이 밝아올 때까지〉와 〈축복합니다〉 등을 다시 부른 버전이 포함되었다. 앨범의 백밴드 이름은 앨범명과 동일한 '파랑새'였는데, 파랑새의 멤버인 오승은, 김효국, 박기영 외에 전 들국화 멤버인 최구희와 허성욱이 게스트 연주자로 참여했다.

한편 들국화의 드러머 주찬권, 베이시스트 최성원, 기타리스트 최구희가 연이어 첫 솔로 앨범을 낸다. 이들은 들국화라는 팀에 가려져 있던 자신의 음악적 역량을 한껏 보여주겠다는 듯,

첫 앨범 전곡을 자작곡으로 채웠다.

대중음악 평론가 선성원은 주찬권의 첫 솔로 앨범 속지에 "한국판 에릭 클랩튼", "재즈 블루스+스캣 애드립이 주무기"라는 평을 남겼다.[12] 드럼뿐 아니라 기타 연주에도 능한 주찬권의 면모를 짚어낸 평이다. 이 앨범에는 들국화의 건반 주자 허성욱이 세션으로 참여하여 사운드를 채웠다. 또한 〈그것만이 내세상〉, 〈매일 그대와〉 등 들국화의 대표곡을 작곡한 최성원은 포크 성향의 팝 음악을 담은 솔로 앨범을 냈다. 같은 해에 전인권이 솔로 앨범에서 카리스마 있는 강한 보컬을 드러냈다면, 최성원은 솔로 앨범에서 서정성 짙은 빛깔을 보여주었다. 최구희는 해를 넘겨 1989년에 솔로 앨범을 냈는데, 기타리스트답게 앨범 전체의 리드 기타 연주를 본인이 담당했다.

이 시기에 들국화의 멤버 대부분이 개인 앨범 작업에 집중했다면, 손진태는 동아기획 뮤지션들 앨범의 조력자로 나섰다. 그는 장필순 1, 2집, 김현철 1, 2집 등에 참여하여 섬세한 기타 연주뿐 아니라 작사, 작곡, 편곡 능력을 발휘했다. 또한 손진태가 어떤날의 조동익, 시인과 촌장의 함춘호, 싱어송라이터 겸 프로듀서 김현철과 함께 프로젝트 밴드 '야샤'를 결성한 점도 눈에 띈다. 수준 높은 연주 실력과 음악 창작 능력을 겸비한 이들이 함께한 작업이었다. 야샤는 동아기획의 자장 안에서 각자 활동하던 이들이 하나의 팀을 결성하되 이에 구속되지 않고 유연하게 활동함으로써 동아기획 뮤지션들의 이합집산적 특징을 잘 보여주었다. 아쉽게도 한 장의 앨범을 내는 데 그쳤지만, 각 멤버들의 작·편곡과 악기 연주는 "한국 대중음악의 수준을 몇 단계 올려놓았다"는 평가를 받고 있다.[13]

이러한 특징을 보여주는 또 하나의 팀으로 김종진, 전태관, 송홍섭, 한상원, 정원영이 결성한 '슈퍼 밴드'가 있다. 각자 그룹 혹은 솔로로 혹은 연주자로 활동하던 이들이 팀을 결성해 콘서트 무대에 오른 프로젝트 밴드였는데, 이들은 각자의 악기 파트를 연주하면서 동시에 멤버 전원이 보컬로 자신의 목소리도 선보였다.[14] 이들의 작업이 음반 발매로까지 이어지지 못한 점은 아쉬움으로 남는다.

동아기획의 여러 뮤지션들이 의기투합했다가 흩어지며 다양한 활동을 할 수 있었던 것은 동아기획이 하나의 음악 공동체를 이루었고 김영 대표가 이들의 음악 세계를 존중하면서 지원을 아끼지 않았기 때문이다. 그 덕분에 뮤지션들은 동아기획을 울타리 삼아 서로 영향을 주고받으며 다양한 음악적 시도를 해나갈 수 있었다.

라이브 공연과 라디오 방송을 그라운드 삼다

TV 출연 없이 대중에게 다가가는 방법을 모색하다

　동아기획이 출범한 1980년대는 TV 매체의 주도권이 막강한 시기였다. 당대의 주류 대중음악은 방송가를 중심으로 형성되었으며, 이 시기에 '오빠부대'라는 신조어를 만들어내며 한국 대중음악계의 신화를 써 내려간 조용필 역시 방송을 경유하여 가왕歌王의 자리에 오르게 된다.

　그런데 이처럼 방송 프로그램과 대중음악 산업이 긴밀한 관계를 맺던 때에 주류와는 다른 대안을 모색하며 신촌과 종로 등지에서 활동하던 '언더그라운드' 음악인들이 있었다. 국내에서 언더그라운드라는 개념은 당시에 관습적으로 행해지던 TV 홍보에 대한 거부와 연관이 있다. 1975년에 박정희 정권은 건전한 가요을 보급하겠다는 명목하에 가요정화운동을 벌이면서 검열과 규제를 강화했는데, TV에 출연한다는 것은 이에 대한 순응에 다름 아니었다. 이러한 맥락에서 TV 방송과 거리를 둔 언더그라운드 음악은 탈관행적인 것이었다. 당시의 상황은 김영 대표의 인터뷰에서도 확인할 수 있다.

　　함량 미달인 가수가 부른 수준 이하의 곡들이 비즈니스에 의해 방송되고, 홍보되어 '히트를 하는 것처럼 보이는 일'이 비일비재했습니다. 심지어는 연말에 10대 가수 뽑을 때도 마찬가지였고요. 그러니 우리들이 보기에는 '가짜'가 너무 많았던 겁니다. 그래서 이런 구조를 반성하고, 바꾸는 계기를 만들어야 하겠다는 생각에서 일부러 방송에 심의도 안 받고, 가요 담당 PD들에게 비즈니스도 하지 않고, 음반이 나와도 방송사에는 아예 갖다주지도 않았어요. 방송에 노래 나오는 것 자체를 거부한 거죠. 앨범이 나오면 소비자 시장에만 내놓고 소비자의 반응만을 기다린 겁니다. 굳이 관심을 가졌다면 다운타운가의 동향 같은 것이었죠.[15]

라이브 공연을 위주로 활동하던 언더그라운드 뮤지션 중 상당수가 동아기획에 모여들면서 언더그라운드라는 용어는 이전보다 적극적으로 활용된다. 「100분 쇼」와 같은 TV 프로그램이 '보여주는 것'에 초점을 맞추며 활약하는 동안 동아기획은 음악의 본질인 '들리는 것'에 중점을 두었다. 주류 음반산업의 관행과 거리를 두는 대신 공연이라는 자율적인 활동을 통해 대중과의 직접적인 소통을 이어간 것이다.

동아기획에서 활동한 이들은 음악 그 자체로 인정받으며 '스타'보다는 '뮤지션'으로서의 위상을 만들어가길 바랐기에 자작곡을 중심으로 음악적 완성도를 높여 나갔고, 그 결과는 '음반 판매량'과 '공연 관객 수'가 입증해주었다. 당대 유일한 홍보 수단이던 '방송 출연'이 아닌 '라이브 공연'을 통해 돌파구를 찾은 것이다. 대중들은 동아기획이 무언가 다르다며 관심을 갖기 시작했고, 이는 자연스럽게 동아기획을 규정하는 정체성으로 이어졌다.

공연을 통해 새로운 가능성을 열어젖힌 팀은 들국화였다. 음반 계약을 맺으면서 TV 출연 거부를 조건으로 내건 들국화는 1985년 9월 15일 1집 출시를 기념하는 공연을 열었다. 또한 그해 12월 13~30일 신촌 크리스탈백화점 소극장 무대에 오른 뒤 당시의 국내 가수로는 최장기였던 6개월간의 전국 순회공연을 통해 18만여 명의 관객을 동원했다.[16] TV 출연에서 밤 업소로 이어지던 가요계 관행을 거부한 이들이 우려와는 달리 전무후무한 공연 기록을 세웠고, 이러한 사실은 언론이 주목할 만큼 화제가 되었다.

이후로도 들국화의 행진은 이어졌다. 장충체육관과 잠실 실내체육관 공연 등 언더그라운드 가수로서는 감히 꿈꿀 수 없던 대규모 콘서트를 순조롭게 진행하면서 들국화의 위상은 더욱 높아졌다. 새로운 신화를 써 내려간 들국화의 행보는 동아기획이 공연 중심의 활동을 강화하는 동력이 되어주었다.

들국화의 성공 전략은 동아기획의 다른 뮤지션들로 이어졌다. 밴드 편성으로 3집을 준비한 김현식이 1987년 3월 21~31일 서울 꿈나무극장에서 앨범 발매 기념 공연을 열었고,[17] 김현식의 백밴드에서 독립한 봄여름가을겨울 역시 1, 2집 음반을 낼 때마다 63빌딩 컨벤션센터에서 단독 콘서트를 개최했다. 봄여름가을겨울은 데뷔 때부터 한 달가량 전국 10개 도시를 돌며 순회공연을 했고, 데뷔 후 3년간 100여 차례의 콘서트 무대에 올랐다.[18] 들국화의 '공연 중심 활동'의 바통을 이어받아 라이브 그룹으로서의 면모를 여실히 보여준 것이다.

동아기획은 들국화의 공연에 대한 뜨거운 반응에 힘입어 이들의 라이브 앨범을 제작했던 것처럼, 봄여름가을겨울의 라이브 앨범 제작에도 박차를 가해 1991년 2장짜리 《봄여름가을겨울 Live》 앨범을 냈다. 들국화 라이브 앨범이 스튜디오에서의 공연을 녹음한 것인 데 반해 봄여름가을겨울의 라이브 앨범은 63빌딩 컨벤션센터에서의 공연 음원을 그대로 담아냄으로써 라이브의 본질에 한층 다가간 작업이었다.

이 외에도 빛과 소금, 푸른하늘, 신촌블루스, 한영애, 이정선, 박학기, 장필순, 김현철 등 동아기획의 여러 뮤지션들이 라이브 콘서트를 통해 관객과 직접 만나며 자신의 음악을 펼쳐냈다. 이는 현장에서 여과 없이 보여줄 수 있는 음악 실력과 무대 장악력이 있기에 가능한 일이었다. 앞서 언급했듯이 이러한 공연 및 앨범 작업은 동아기획의 연합 콘서트 '우리 모두 여기에'와 이를 바탕으로 한 앨범 제작으로 이어진다.

동아기획은 라이브 공연과 함께 라디오 프로그램 출연을 통해 다른 음반·기획사와 차별화된 활동을 펼쳤다. 1980년대 초반에 컬러 TV가 빠르게 보급되면서 그 영향력이 막강해졌지만, 라디오는 여전히 음악산업에서 중요한 역할을 담당하고 있었다.[19] TV가 선전했음에도 라디오가 굳건히 자리를 지킬 수 있었던 것은 기존 AM 채널과는 다른 방향을 추구하는 FM 채널이 신설되면서 청취 대상이 세분화된 덕분이었다. FM 라디오가 음악 및 교양 프로그램을 선보이면서 AM 라디오와는 다른, 새로운 청취자들을 끌어들인 것이다.

1984년에 보도된 동아일보의 기사 「FM 듣기 지겹다」에 따르면, FM 라디오에서는 하루에 21시간 동안 방송을 송출했다. 그런데 클래식 전문방송인 KBS 1FM을 제외하면 80퍼센트 이상이 팝 음악과 경음악을 내보냈고, 이때의 팝 음악 중 90퍼센트 이상이 미국 음악이었다. FM 라디오의 주요 청취자였던 10대의 마음을 사로잡기 위해 이들이 선호하던 미국의 팝송을 주로 편성한 것이다.[20] 그러자 음악평론가 이해성, 작곡가이자 당시 한국음악저작권협회 회장이던 길옥윤 등이 이를 비판하고 나섰다. 빌보드 차트에 의존하여 신규 팝송을 틀곤 했던 FM 라디

오 방송의 팝 음악 편중 편성에 문제를 제기한 것이다.[21]

팝 음악이 차지하던 자리에 국내 대중가요가 자리할 분위기가 형성되자, 편성의 변화에 맞춰 주요 청취자들을 만족시킬 만한 국내 대중음악의 공급이 절실해졌다. 자작곡을 중심으로 음악적 완성도에 초점을 맞춘 동아기획의 음악은 이에 들어맞았기에 자연스럽게 그 자리를 메우게 된다. 그러면서 팝송만 듣던 젊은 세대의 음악 취향에도 서서히 변화가 일어난다.

1986년에 보도된 조선일보의 기사 「팝송 세대, "이젠 가요가 더 좋아요"」는 팝송보다 국내 가요를 선호하는 역전 현상을 다루고 있다. 이 기사는 "팝송을 듣고 자라온 소위 'FM 세대'들이 우리 것에 대한 자각을 느끼기 시작"한 것과 "국내 가요의 가사, 반주 음악, 디스크 음질 등 전반적인 수준이 크게 향상"된 것을 이러한 현상의 원인으로 꼽았으며, 음악평론가 이백천은 "젊은이들이 자기만의 스타일로 노래를 만들어 함께 공감을 나누려는 창작성이 외래 모방의 팝송을 몰아낸 데 큰 역할을 했다"고 분석하고 있다.[22]

앞서 살펴본 두 개의 언론 보도 중 1984년의 기사에서는 팝 음악 편중에 대한 우려를 다루었지만, 1986년의 기사는 젊은이들이 팝 음악보다 국내 대중음악을 선호하고 있다고 보도했다. 불과 2년 만에 한국 대중음악의 급진적인 역전 현상이 나타

난 것인데, 이러한 변화의 시기는 '들국화의 등장' 시점과 정확히 맞물린다. 1985년 들국화가 1집을 내며 데뷔한 뒤 전국 순회 공연을 진행한 것은 팝에서 가요로 대중의 관심을 끌어오는 데 크게 기여한 것이다.

 FM 라디오를 통해 영미 팝 음악을 듣던 한국의 젊은이들은 이제 한국어 가사로 된 들국화의 음악을 들으면서 그 내용에 바로 공감하고 감성을 나누는 것이 가능해졌다. 들국화가 보여준 사운드 또한 이전에는 국내 대중음악에서 느끼기 어려운 세련된 것이었기에 많은 이들의 열광을 끌어냈다. 이러한 인기는 들국화 콘서트에 우정 출연한 동아기획 소속 뮤지션들에게도 확산되는 양상을 보였다. 젊은 층의 열렬한 지지 덕분에 한국 대중음악의 라디오 청취율은 더더욱 높아졌고 동아기획 뮤지션들 역시 성장할 수 있었다.

 그렇다면 동아기획 뮤지션들은 왜 '라디오'라는 매체를 택했을까? 정형화된 형식의 TV에 비해 라디오는 훨씬 자유로우면서 이들이 추구한 '라이브'를 풀어낼 수 있기 때문이었다. 라디오 프로그램을 제작하는 입장에서 본다면, 공연의 현장감을 중시한 동아기획 뮤지션들의 성향이 상호 교감의 측면이 강한 라디오의 성향과 맞아떨어지는 데 주목했을 것이다.

 동아기획 뮤지션들은 특히 라디오의 특집 프로그램으로 기획된 공개방송에 적극적으로 출연하여 자신의 음악과 공연을 홍보했다. 당시에 MBC FM에서는 디제이 이종환이 진행하는 「밤의 디스크쇼」와 가수 이문세가 진행하는 「별이 빛나는 밤에」가 가장 인기 있는 간판 프로그램이었는데, 들국화는 두 프로그램의 공개방송에 1986년에만 네 번이나 출연했다. 이외에도 푸른하늘, 장필순, 봄여름가을겨울 등은 「별이 빛나는 밤에」 공개방송의 단골손님이었다.[23] 문화체육관, MBC 정동 라디오 극장, 용인 자연농원 등에서 열린 라디오 공개방송은 뮤지션들의 자율성이 보장되는 무대였다. 당대의 유일한 홍보 루트나 다름없던 TV에 출연하지 않으면서도 뮤지션들이 자신의 존재와 음악을 알리고 앨범의 판매량을 올릴 수 있었던 배경에는 동아기획의 음악을 전파했던 라디오 매체의 힘이 있었다.

동아기획과 라디오 방송의 상호보완 관계는 1995년에 이소라가 데뷔하면서 정점을 찍었다. 이소라 1집에 수록된 〈난 행복해〉가 하루에도 수십 번씩 라디오의 전파를 타면서 최고의 앨범 판매량을 기록한 것이다.[24] 흥행의 공식과도 같았던 TV 출연을 하지 않고 신기록을 세운 이소라를 통해 대중음악계는 다시 한번 동아기획에 주목했다. 음반의 완성도를 높여 승부를 건 동아기획의 시도가 청각 매체인 라디오의 특성과 맞물리면서 화려하게 꽃핀 것이다. 창작과 연주에 강세를 보인 동아기획

뮤지션들의 음악은 이처럼 라디오에 힘입어 가요계의 유통 시
장을 장악해갔다.

니치 마케팅으로 틈새시장을 공략하다

주류와는 다른 시도로 승부를 걸다

1980년대 대중음악계의 대표적인 주류 음악은 다름 아닌 트
로트였다. 물론 동아기획 뮤지션들은 트로트의 편곡 및 연주 관
행과는 상반된 음악을 지향하고 있었다.[25] 이들은 언더그라운
드적 성향을 유지하되 틈새시장을 노리며 성장해갔는데, 그렇
다고 해서 이들의 음악이 이전 시대의 음악과 완전히 동떨어진
채 돌출적으로 튀어나온 것은 아니었다. 대중음악 연구자 신현
준에 따르면 동아기획의 음악은 "1970년대 포크 송과 그룹사운
드의 성과를 종합하고, 여기에 1980년대 음악인들의 새로운 감
각을 추가한 음악 장르로 한 시대를 상징했다."[26]

동아기획이 당대의 대중음악계에 파고든 방식은 "주류에 속
하지 않은 세분화된 시장을 형성했다는 점에서 니치 마케팅
niche marketing의 선구적 사례"로 꼽힌다.[27] 니치 마케팅이란 폭넓
은 대상을 타깃 삼아 대량으로 생산한 뒤 유통·판매하는 매스

마케팅의 반대 개념으로, 시장의 세분화를 통해 특정 집단을 겨냥하는 전략을 말한다.[28] 바로 이러한 특징 때문에 많은 이들이 동아기획의 음악을 불특정 다수를 대상으로 한 주류 대중음악과 다르다고 느꼈을 것이다.

동아기획을 설립하기 전에 했던 여러 경험 덕분에 김영 대표는 음반 시장의 현황을 간파하며 차별화 전략을 펼 수 있었다. 특히 박지영레코드를 운영하며 축적된 경험은 시장을 파악하는 데 직접적인 도움이 되었다. 자신이 타깃으로 삼을 만한 수요층이 충분하다고 결론 내린 김영 대표는 동아기획의 음반을 제작하면서 음악의 장르와 스타일을 중시했고, 이를 바탕으로 니치 마케팅을 벌였다.

이러한 동아기획의 특징은 1970년대의 음반·기획사인 오리엔트프로덕션과 킹레코드가 선보인 음악적 지향점과 맞닿아 있었다. 나현구 사장이 이끈 오리엔트프로덕션에는 이장희, 윤형주, 송창식, 김세환, 양병집 등이 소속되어 있었는데, 이곳은 포크 음악에 그룹사운드 연주가 결합된 '포크 록' 장르를 선보이며 "한국 최초의 '레이블 사운드'"를 만들어냈다는 평을 얻었다.[29] 오리엔트프로덕션이 자체적인 사운드를 만들 수 있었던 이유 중 하나를 기획사 전속 밴드인 '동방의 빛'과 연관 지어 생각해볼 수 있다. 초기에 조동진이 잠시 몸담기도 했던 동방

1970년대에 오리엔트프로덕션과 킹레코드는 소위 말하는 '뽕짝' 풍 음악에서 벗어난 음악을 선보인 기획사였다. 이장희와 송창식의 음반(위)은 오리엔트프로덕션에서, 양희은과 신중현의 음반(아래)은 킹레코드에서 이 시기에 발매된 대표적인 음반이다.

의 빛은 포크 가수들의 노래에 재즈, 록, 소울, 컨트리 등 다양한 음악 장르의 주법들을 적용해보는 시도를 했다. 또한 '킹박'이라는 예명으로 잘 알려진 박성배 사장이 이끈 킹레코드는 한때 오리엔트프로덕션과 동업을 하기도 했는데, 신중현, 이주원, 양희은, 서유석 등의 음반을 발매했고 포크, 소울, 사이키델릭 록 등을 선보이며 대중음악계에 한 획을 그었다. 오리엔트프로덕션과 킹레코드는 군소 기획사였지만, 1970년대의 양대 음반사인 지구레코드와 오아시스레코드의 '뽕짝'풍 음악에서 탈피한 장르 음악을 선보이며 가요계에서 굵직한 성과를 냈다.

대중음악계의 이러한 토대를 바탕으로 동아기획은 특정한 음악 장르를 지향하는 단계에서 나아가 아마추어 영역에 있던 언더그라운드 음악의 실질적 변화를 불러오는 역할을 한다. 가령 오리엔트프로덕션에서 전속 밴드의 세션들은 가수의 노래에 반주를 담당하는 한정된 역할에 머물렀지만, 동아기획에서는 세션들이 직접 곡을 쓰고 가사를 얹어 노래 부를 수 있는 환경이 갖춰진다. 특히 조동진, 함춘호, 손진태, 김종진, 전태관, 장기호 등 이론과 실력을 겸비한 전문 세션 출신 뮤지션들은 다양한 음악적 실험을 더해간다.

동아기획 뮤지션들은 블루스, 록, 훵크, 라틴, 레게 등 다양한 장르의 음악을 자양분으로 삼으면서 프로그레시브적인 콘셉트와 재즈적 요소를 가미한 음악 스타일을 구축했다. 또한 가사와 선율을 창작하는 데 머물지 않고 화성의 변화, 리듬 편곡, 즉흥 연주, 사운드 효과까지 염두에 두며 음악 전반을 구상해 나갔다. 작가주의적 뮤지션들의 시도가 더욱 구체화되는 양상을 보인 것이다.

김영 대표가 아니었다면 이처럼 작가 의식과 음악 세계를 자유롭게 펼칠 장을 마련할 수 없었을 것이다. 그는 소속 뮤지션들의 음악을 존중하면서 이들의 의견을 가감 없이 따라주었는데, 이러한 점은 앨범을 내기 위해 여러 음반사의 문을 두드렸던 전태관의 회고에서도 드러난다.

> 앨범을 낼 때 여러 음반사에 컨택을 했는데 동아기획만 빼고 아무도 들어주지 않았다. 우리도 자존심이 있으니까 최소한의 조건을 가지고 있었다. 동아기획만 그 조건을 들어줬다.[30]

작가주의적 뮤지션들의 음악이 당대의 음악 시장을 세심하게 읽어낸 김영 대표의 사업적 감각과 만나면서 특정 수요층의 기대에 정확히 부응하는 결과를 가져왔다. 한마디로 음악적 성과와 상업적 성공을 동시에 거둔 것이다. 뮤지션들도, 김영 대표도 모두 주류는 아니었지만, 이들이 만나 시너지를 낸 결과였다.

레이블을 브랜딩하여 팬덤을 구축하다

카탈로그 발행, 패밀리 모집 등으로 날개를 달다

동아기획의 걸출한 뮤지션들이 대중음악계에서 자신의 흐름을 형성해가는 동안, 김영 대표는 레이블을 브랜딩하여 특별한 가치와 이미지를 구축해갔다. 지금의 엔터테인먼트 소속사들에게는 익숙한 전략이지만, 1980~90년대에 이러한 음반·기획사는 흔치 않았다.

한 예로, 1980년대 초반에 대중가요계를 평정했던 조용필, 이용, 전영록은 모두 지구레코드 소속 가수였다. 하지만 이들을 떠올릴 때 한 음반사의 가수라는 인상보다는 경쟁 상대였다는 이미지가 강하다. 1981년부터 1986년까지 방송사의 가요대상 1위를 차지하던 조용필의 독주를 중간중간 막아선 것이 이용과 전영록이었기 때문이다. 이에 비해 동아기획의 뮤지션들은 응집력이 강했고, 동아기획이라는 레이블을 경유해 세상에 알려지는 일도 잦았다.

동아기획 뮤지션들이 따로 또 같이 새로운 컬러의 참신한 사운드를 차곡차곡 쌓아 나가자, 대중들은 동아기획의 로고를 '웰메이드 음반'을 보증하는 의미로 받아들이면서 동아기획의 음반이라면 믿고 구매하게 되었다. 이는 신인이나 인지도가 낮은 가수의 음반에도 적용되었기에 더욱 의미 있는 현상이었다. 음악평론가 강헌은 이에 대해 다음과 같이 언급한 바 있다.

> 처음으로 한국에서 레이블 크레디트 구매 행위가 일어났다. 사람 이름은 처음 듣는다. 하지만 '아, 동아기획에서 나왔네!' 그러면 믿고 사는 것이다. 장필순이 동아기획에서 데뷔 앨범을 냈을 때 비록 '소리두울'이라는 여성 듀엣 출신이긴 했어도 그녀를 아는 사람은 거의 없었다. 그냥 음악하는 사람들끼리만 코러스 잘하는 사람 정도로 통했다. 그런데 동아기획에서 나온 그 앨범이 단숨에 10만 장이 팔렸다. 왜? 동아기획에서 나온 거니까. 이렇게 해서 동아기획은 상승 신화를 쓰게 된다.[31]

대중들은 동아기획을 신뢰하면서 이 레이블에 의미를 부여했고, 그럴수록 동아기획의 인지도는 더욱 높아졌다. 이 기세를 몰아 김영 대표는 '동아기획 카탈로그'를 발행하고 '동아기획 패밀리' 제도를 도입하면서 레이블 홍보에 박차를 가했다.

동아기획 카탈로그는 동아기획에서 발표한 음반의 목록을 속지 형태로 제작하여 출시 음반에 동봉했던 안내서로, 연주 음반과 대중음악 음반이 모두 소개되었다. 이를 통해 앨범 구매자들은 동아기획의 발매 음반 내역을 한눈에 살펴볼 수 있었

동아기획에서 발매한 음반 목록들을 정리한 뒤 속지 형태로 제작하여 출시 앨범에 동봉했던 동아기획 카탈로그. 동아기획의 레이블 브랜딩 전략을 잘 보여주는 사례다.

다. 일목요연하게 정리된 음반 목록은 음반을 수집하는 애호가들의 구매 욕구를 자극하기에 충분했다.

음반을 낼 때마다 내용을 업데이트해 새로운 버전의 카탈로그를 제작했는데, 간혹 동아기획에서 발매하지 않은 음반이 예외적으로 수록되기도 했다. 시인과 촌장 1집과 같이 현재 계약 관계에 있는 뮤지션이 다른 음반사에서 발매했던 전작을 함께 수록한 경우, 정식 계약을 맺지 않았지만 동아기획 음반 전반에 적극적으로 참여했던 조동익의 솔로 음반과 어떤날 1, 2집을 수록한 경우처럼 말이다.

김영 대표는 동아기획의 인지도를 바탕으로 앨범 구매자들의 충성도를 높이는 방안을 고민하기 시작했고, 그 결과 레이블 회원제인 동아기획 패밀리 제도를 도입하기에 이른다. 소속 가수의 팬클럽이 아니라 레이블 중심의 팬클럽을 운영한 점은 상당히 독특했는데, 이에 대한 김영 대표의 말을 직접 들어보자.

> 그쯤부터 또 새로 시작한 일이, 이게 한국 음반 역사상 최초입니다. 음반에다 '패밀리 카드'를 만들어 넣었어요. 아, 사실 1984년부터 했네요. 그때 현식이 음반에도 패밀리 카드가 있었죠. 들국화에도 있었고. LP 판이 있고 속지가 있잖아요.. 가사집이나. 여기에 별개로 A4 용지 사이즈로 해다가 엽서를 넣었어요. 그럼 질

문들도 같이 수록시키는 거죠. 왜 샀습니까, 어디서 샀습니까, 음악은 어떤가요. 이 패밀리 카드도 들국화가 터지고 나서 덩달아 밀려들어 옵니다. 제 기억으로는 1987년, 1988년쯤 회원이 5만이 넘었어요. 이러면 방식이 또 하나 나오게 된 셈입니다. 누구든 신보를 낼 때면 패밀리 회원들에게 사전 편지를 보내요. 몇 월에 시인과 촌장이 나온다, 또 몇 월엔 장필순이 나온다. 신보 안내를 보내는 겁니다. 이러면 나만의 시장이 새롭게 열리게 되죠. 노래가 한 번도 안 나오고 방송도 안 탄 상황에서 패밀리 회원들이 발매일 맞춰 막 사기 시작하는 거예요. 한영애, 어떤날, 장필순 등등 대부분 패밀리 회원제 혜택을 받았죠.[32]

동아기획에서 발매한 음반에는 동아기획 패밀리 모집 안내서가 동봉되어 있었는데, 여기에는 회원으로 가입할 때의 혜택이 자세히 명시되어 있었다. 회원증 발부, 콘서트 할인, 신보 안내 카탈로그 및 팸플릿 우편 전송 서비스, 회원의 날 콘서트 무료 입장권 등의 특전을 제시하며 팬들을 끌어모은 것이다. 또한 회원 가입을 신청하는 이들에게는 인적 사항 외에 구매한 음반의 이름, 동아기획 음반의 좋은 점과 나쁜 점, 동아기획에 대한 의견을 적도록 했다.

김영 대표는 음반 구매자들이 어떤 음반을 구입한 것을 계기

동아기획 훼밀리 모집안내

항상 앞서가는 음악을 창출하는 것을 사명으로 하고 있는 파이어니어
정신의 한국 언더그라운드 뮤직의 메카 (주) 동아기획이 남로 늘어가는
팬들에게 보답코저 훼밀리 제도를 신설 운영하고 있습니다.

특 전   1) 회원증 발부
         2) 동아기획 가족의 콘서트시 할인혜택
         3) 동아기획에서 발매되는 신보안내 카다로그 및 팜프렛을 우편 우송해 드림.
         4) 년 3~4 회에 개최되는 회원의 날 콘서트 무료입장권 발부
            (* 훼밀리 신청서 10매 신청인에 한함)
         5) 동아기획 훼밀리 신청서는 본사에서 발매되는 모든 음반에 삽입되어
            있습니다.

보낼 곳   서울 종로구 내수동 110-15호 (동아기획 훼밀리)앞
          우편번호 (110 ~ 070) 전화문의 : (02) 733-9908~9

························자르는 선························

동아기획 훼밀리 신청서

이 름		성 별	남 · 여	생년월일	19 . .
주 소				우편번호	
학교 또는 직장				전 화	

* 귀하가 구입한 동아기획 음반 :

* 동아기획 음반의 좋은점

    또는 나쁜점

* 동아기획에 하고픈 의견

동아기획의 음반에 들어 있던, 동아기획 패밀리 모집 안내서. 개인 정보을 기입
하고 몇몇 설문 조항에 답하는 형식으로 되어 있는데, 후자를 통해 음반 구매자
들의 의견을 직접 수렴할 수 있었다.

로 동아기획 패밀리에 가입했는지, 동아기획의 어떤 점을 좋아하고 어떤 점을 좋아하지 않는지 그 직접적인 의견을 수렴할 수 있었다. 또한 동아기획 패밀리 신청서 10매를 작성한 이에게 회원의 날 콘서트의 무료 입장권을 발부하는 방식으로 충성도 높은 고객을 확보해 나갔다. 최대 가입자 수가 한때 무려 5만여 명에 달하는 레이블 팬덤을 형성했고, 이는 동아기획에게 큰 비용을 들이지 않으면서 지속적으로 음반을 판매할 수 있는 든든한 토대가 되어주었다. 이러한 홍보 방식은 1990년대 중반에 설립된 음반·기획사 신촌뮤직의 '신촌뮤직 카탈로그'와 '신촌뮤직 패밀리 모집'으로도 이어진다.

'동아기획 패밀리'라는 레이블 회원 제도는 한 기획사의 전략적 마케팅을 넘어서 적극적으로 음반을 구매하고 콘서트에 참여했던 당대 수용자들의 문화 활동과 표현 방식을 담아내는 틀로 자리 잡았다. 음반·기획사로서의 동아기획, 그곳에서 음악을 만든 동아기획 뮤지션들에 더해 동아기획 패밀리의 실천을 함께 조명할 때 비로소 동아기획의 의미는 더욱 선명하게 다가올 것이다.

4장

노랫말을 통해
살펴본 세계관

노랫말, 즉 가사는 문자 언어의 특성상 음률 언어보다 훨씬 직접적으로 생각을 표현할 수 있다. 그렇다면 동아기획 뮤지션들은 가사를 통해 어떤 메시지를 전하고자 했을까? 그리고 어떤 가사들이 당대 대중의 정서와 조응했을까?

　　이번 장에서는 동아기획 뮤지션들의 노랫말을 분석하여 이들이 표출한 주제 의식과 세계관을 살펴보고자 한다. 다만 이에 관한 분석 범위는 동아기획이 본격적으로 대중음악 음반을 제작한 시점부터 음반사로 등록하기 전까지, 즉 1984년부터 1992년까지로 한정했다. 동아기획의 정체성을 가장 명징하게 보여준 시기의 노랫말을 분석 대상으로 삼은 것이다. 이 시기에 음반을 낸 뮤지션은 19팀이었으며, 음반 수는 40장, 그중 가사가 포함된 수록곡은 323곡이다. 노랫말에 사용한 주요 소재와 표현법 등을 살펴봄으로써 주제가 표출된 양상과 각 뮤지션들의 작가 의식을 탐색해보자.

그대와 단 둘이서 이 길을 걷고 싶어

사랑의 기쁨과 슬픔을 노랫말에 싣다

대중음악은 오랫동안 매우 다양한 주제를 표현해왔지만, 그 가운데서도 '사랑'에 대해 가장 많이 다뤘다는 점은 누구나 쉽게 동의할 것이다. 음률 언어가 사랑의 감정을 환기시키기에 매우 적합한 데다가 사랑이란 불특정 다수가 쉽게 공감할 수 있는 주제이기 때문이다. 대중음악 연구자 장유정은 '사랑과 이별'이 대중가요뿐만 아니라 인간 삶의 영원한 테마라고 언급한 바 있다.[1]

일반적인 사랑의 과정을 시간순으로 짚어보면, 마음에 드는 사람을 발견하는 단계, 자신의 마음을 고백하는 단계, 서로의 마음을 확인하고 사랑하는 단계, 이별의 순간, 이별 직후, 시간이 흐른 뒤 등으로 나눠볼 수 있다. 서로의 마음이 맞아 사랑할 때는 당연히 긍정적인 감정을 느끼겠지만, 일방적인 짝사랑에 그치거나 이별을 하게 되는 경우는 부정적인 감정을 느끼기도 한다. 이처럼 사랑 노래는 마음에 품은 대상과의 관계, 당시의 상황, 노래 속 화자의 성별 등에 따라 어조와 표현 방식이 달라지며, 설렘, 기쁨, 슬픔, 그리움과 같은 세부적이고 다양한 감정을 품게 된다.

동아기획 뮤지션들도 여타의 대중음악 뮤지션들처럼 사랑을 화두 삼아 노래했는데, 남성 뮤지션의 수가 많았던 만큼 남성 화자의 시점으로 가사가 쓰인 노래가 많았다. 그중 김현식 3집에 수록된 〈그대와 단 둘이서〉는 연인과 함께하고픈 소박한 바람을 가사에 담아낸 곡이다.

> 그대와 단 둘이서 이 길을 걷고 싶어
> 사랑을 담은 장미꽃을 꺾어줄 테야
> 그대와 단 둘이서 이 길을 걷고 싶어
> 미소를 띄운 그대 모습 간직하고파
> 당신을 내 가슴에 품고 싶어
> 아름다운 꽃과 함께 사랑할 테야
> – 김현식, 〈그대와 단둘이서〉(작사 장기호) 중에서

화자는 사랑하는 사람과 함께 길을 걸으며 그 소중한 순간들을 모두 기억하고 싶다는 마음을 표현하고 있다. 사랑을 고백하

는 김현식의 목소리는 그 어느 때보다 부드럽고 감미롭다.

그런데 동아기획의 사랑 노래는 이처럼 사랑할 때의 설렘과 기쁨보다는 사랑하는 이를 떠나보낸 후의 슬픔과 아픔을 다룬 경우가 훨씬 많았다. 분석 대상 중 사랑 노래는 총 125곡이었는데, 후자가 85곡으로 거의 70퍼센트에 달했다. 김현식 역시 〈그대와 단 둘이서〉에서 달달하게 사랑을 고백했다면, 〈비처럼 음악처럼〉, 〈사랑했어요〉, 〈떠나가 버렸네〉, 〈내 사랑 내 곁에〉 등에서는 이별의 아픔을 애절하게 표현했다. 전인권의 〈사랑한 후에〉, 빛과 소금의 〈내 곁에서 떠나가지 말아요〉, 신촌블루스의 〈내 맘속에 내리는 비는〉, 푸른하늘의 〈슬픈 안녕〉 등도 이에 해당한다.

사랑의 상실을 다룬 노래 가사에는 유독 '비'라는 소재가 자주 등장한다. 비 오는 날을 배경으로 설정한 뒤 이를 화자의 애달픈 상황과 연결지은 것이었다.

비가 내리고 음악이 흐르면 난 당신을 생각해요
당신이 떠나시던 그 밤에 이렇게 비가 왔어요 (……)
난 오늘도 이 비를 맞으며 하루를 그냥 보내요
오 아름다운 음악 같은 우리의 사랑의 이야기들은
흐르는 비처럼 너무 아프기 때문이죠 오

그렇게 아픈 비가 왔어요

  - 김현식, 〈비처럼 음악처럼〉(작사 박성식) 중에서

  김현식의 히트 곡 〈비처럼 음악처럼〉은 비가 내리는 어느 날 밤, 이별하던 순간을 떠올리는 상황을 설정했다. 사랑하는 이가 떠나간 그날도 오늘과 마찬가지로 비가 내렸기에 그 일을 떠올린 것이다. 화자는 이별 후 시간이 흘렀음에도 그녀를 잊지 못한 채 무의미한 하루를 보내고 있다.

  비는 '내리다'와 '흐르다'라는 동사와 자연스럽게 연결되는데, 이때 동사 '흐르다'는 '눈물'과도 결합된다. 그리하여 '흐르는 비'라는 객관적 상관물이 '흐르는 눈물'로 이어지는 것이다. '비'라는 소재를 통해 화자의 구슬픈 감정이 극대화되는데, "흐르는 비처럼 너무 아프기 때문이죠"라는 가사에서는 이별 후의 상실감을 극복하지 못한 화자의 마음이 고스란히 드러난다.

  사랑하는 이의 부재로 인한 결핍감, 그리고 화자가 느끼는 애절한 아픔 등은 비 외에 바람, 길, 거리 등을 매개 삼아 표현되었다. 비와 바람이 화자의 마음에 들이치며 슬픔의 감정을 끌어올렸다면, 길과 거리는 화자의 기억을 상기시키며 과거와 현재를 오버랩하는 데 쓰였다.

하지만 후횐 없어, 그것만이 내 세상

현실을 극복하겠다는 의지를 드러내다

　동아기획 뮤지션들의 노랫말을 분석하면서, 세상을 바라보는 관점을 다룬 경우가 많다는 사실이 상당히 흥미로웠다. 대중성과 상업성을 중시하는 대중음악의 특성상 남녀 간의 사랑 노래가 많을 법한데, 이와는 거리가 있었던 것이다. 직접 가사를 쓰고 선율을 지어 불렀던 동아기획 뮤지션들이 사랑이라는 소재를 넘어서, 자기 내면의 다양한 생각들을 밖으로 표출한 점은 당대 대중음악 가수들과 차별화된 지점이었다.

　〈그것만이 내 세상〉, 〈행진〉, 〈아침이 밝아올 때까지〉 등이 수록된 들국화 1집은 한국 대중음악의 새로운 지평을 열었다는 평가를 받는 앨범이다. 대중음악 연구자 이영미는 한국 록 음악 장르에서 자신만의 독특한 의식을 드러내기 시작한 중요한 앨범으로 들국화 1집을 꼽은 바 있다.[2] 이 앨범에 수록된 곡 중 상당수의 가사에는 현실을 직시하고 극복해 나가려는 의지가 담겨 있다. 이런 의지를 피력했다는 것은 현재의 삶이 어려움에 처해 있다는 반증이기도 하다. 물론 좌절하지 않고 이를 극복하겠다는 생각을 보여준 데서 일종의 희망을 찾아볼 수도 있고 말이다. 우선 〈그것만이 내 세상〉의 가사를 한번 살펴보자.

세상을 너무나 모른다고 나보고 그대는 얘기하지

조금은 걱정된 눈빛으로 조금은 미안한 웃음으로

그래 아마 난 세상을 모르나봐

혼자 이렇게 먼 길을 떠났나봐

하지만 후회 없지 울며 웃던 모든 꿈

그것만이 내 세상

하지만 후회 없어 찾아 헤맨 모든 꿈

그것만이 내 세상 그것만이 내 세상

– 들국화, 〈그것만이 내 세상〉(작사 최성원) 1절

"그래 아마 난 세상을 모르나봐/ 혼자 이렇게 먼 길을 떠났나봐"라는 가사를 보면, 화자는 자신이 현실에 적응하지 못한 채 거리를 두고 있는 사실을 인식한 듯하다. 이런 상황에서 그는 결의를 다지며 자신의 꿈을 꺼내들고 그것만이 내 세상이라고 외친다. 타인에 의해 규정되는 세상이 아니라 스스로가 꿈꾸는 세상을 주체적으로 살아가겠다고 표명하는 것이다. 후렴의 첫 소절에서 화자는 "하지만 후회 없지"라고 읊조리듯 말하는데, 곧 "하지만 후회 없어"라고 단정함으로써 자신의 굳은 결심을 드러낸다. 말미에서는 "그것만이 내 세상"이라는 가사를 반복해 포효함으로써 다시 한번 주제를 각인시킨다. 화자의 강한 의

지가 전인권의 포효하는 목소리와 만나 빛을 발한다.

　나의 과거는 어두웠지만

　나의 과거는 힘이 들었지만

　그러나 나의 과거를 사랑할 수 있다면

　내가 추억의 그림을 그릴 수만 있다면

　행진 행진 행진하는 거야

　행진 행진 행진하는 거야

　나의 미래는 항상 밝을 수는 없겠지

　나의 미래는 때로는 힘이 들겠지

　그러나 비가 내리면 그 비를 맞으며

　눈이 내리면 두 팔을 벌릴 거야

　행진 행진 행진하는 거야

　행진 행진 행진하는 거야

　난 노래할 거야

　매일 그대와 아침이 밝아올 때까지

　- 들국화, 〈행진〉 (작사 전인권) 중에서

〈행진〉에서는 어둡고 힘들었던 과거를 있는 그대로 받아들이고 나아가자고 독려한다. 미래가 항상 밝을 순 없다는 것도 알고 있지만, 시련과 역경 가운데서도 포기하지 않고 한 발씩 세상을 향한 걸음을 내딛겠다는 것이다. "그러나 비가 내리면 그 비를 맞으며/ 눈이 내리면 두 팔을 벌릴 거야"에서 '그러나'라는 접속사는 화자의 결심을 강하게 드러낸다. 〈그것만이 내 세상〉의 후렴 시작 부분에 '하지만'이라는 접속사를 배치하여 화자의 생각을 강조했던 것처럼 말이다.

드럼의 비트와 함께 음악의 대대적인 변화가 느껴지는 후렴에서는 "행진 행진 행진하는 거야"라는 간단명료한 구절이 반복된다. 현실을 극복하려는 화자의 의지가 분출되는 지점이다. 그리고 후렴 말미에는 앨범의 다른 수록곡 제목인 "매일 그대와"와 "아침이 밝아올 때까지"를 끼워 넣어 앨범 전체를 유기적으로 연결했다. 앨범 수록곡들의 독립적인 완성도를 높이는 것도 중요하지만, 여러 수록곡들을 모아 만든 하나의 앨범이 완결성을 갖는 것도 섬세하게 신경 썼음을 알 수 있다.

코 힘을 힝힝, 뒷발을 힘차게 차고

달린다 코뿔소

뒤돌아볼 것 없어

지나간 일들은 이미 지난 일

저 멀리 봐, 저 멀리 앞을 봐

코뿔소, 코뿔손 넘어지지 않아 (……)

이 험한 세상, 오늘도 달려야 해

우리는 코뿔소

자신의 모든 문제 스스로 헤쳐서

밀고 가야 해 (……)

일어나 코뿔소

모두가 남은 아니야, 내가 있잖아

다시 해봐

눈을 떠라 코뿔소

나를 봐

– 한영애, 〈코뿔소〉(작사 이승희) 중에서

한영애 2집 《바라본다》에 수록된 〈코뿔소〉는 들국화의 〈행진〉과 마찬가지로 과거에 얽매이지 말고 어려운 현실을 극복하자는 메시지를 담고 있다. 이 곡은 저돌적으로 돌진하는 강인한 이미지의 동물인 코뿔소를 대상화했다. 화자는 "우리는 코뿔소"라고 말하며 나와 너를 하나로 묶어낸다. "나의 과거", "나의 미래", "난 세상을 모르나봐", "난 노래할 거야"와 같이 '나'를 주체로 부각시킨 들국화의 노래 가사와 상반되는 지점이다. "모두가 남은 아니야, 내가 있잖아/ 다시 해봐"와 같은 가사에서는 서로가 힘이 되어 함께 어려움을 이겨낼 수 있다는 의지를 보여준다. 이러한 가사에 한영애의 힘 있는 목소리가 얹어지면서 노래는 듣는 이들에게 용기를 북돋워준다.

이 세상 모든 색 한 색깔이면 그건 너무해

다름을 인정하며 함께 살아가는 공동체 의식을 노래하다

　공동체 의식이란 인간이 한 사회의 구성원으로써 다른 이들과 같이 살아가고 있다는 생각과 감정으로, 개개인이 처한 상황이 각각 다를 수 있겠지만 공동의 문제가 있음을 인정하고 이를 함께 해결하려는 마음을 뜻한다. 동아기획 뮤지션들은 대중음악 씬의 다른 가수들과 달리 동아기획을 울타리 삼아 일종의 공동체 의식을 품고 있었으며, 이를 자신의 음악으로도 표현했다. 이들에게 인생이란 혼자 살아가는 것이 아니라 다양한 사람들이 모여 함께 살아가는 것이고, 완성이 아니라 미완성의 대상이었다. 들국화의 〈하나는 외로워〉, 최성원의 〈색깔〉, 박학기의 〈아름다운 세상〉, 김현식의 〈사랑의 나눔이 있는 곳〉, 푸른하늘의 〈우리 모두 여기에〉 등이 이러한 세계관을 가사에 펼쳐보인 경우다.

하나 둘

둘이 둘이 하나는 너무 외로워

둘이 둘이 하나는 너무 외롭지

둘이 둘이 그러나 내가 영화를 볼 때도

내가 산책을 할 때도

혼자 있기도 하지만

그러나 우리 될 수 있으면 혼자보다는

둘이 둘이 하나는 너무 외로워

둘이 둘이 하나는 너무 외롭지

둘이 둘이 하나 둘 셋 넷

넷이 넷이 하나는 너무 외로워

넷이 넷이 하나는 너무 외롭지

넷이 넷이 우리 사이엔 너무 넓은 간격이

날이 갈수록 서로 부담될 만큼 우린 약해지고

그러나 우린 먼 길들을 가야 하기에

하나 둘 셋 넷 다섯 여섯 일곱 여덟

많이 우리 모두 하나는 너무 외로워

많이 우리 모두 하나는 너무 외롭지

둘이 넷이 많이 우리 모두

－ 들국화, 〈하나는 외로워〉(작사 전인권) 전문

　〈그것만이 내 세상〉, 〈행진〉 등에서 현실 극복의 의지를 보여준 들국화는 〈하나는 외로워〉에서 이러한 극복을 가능케 하는 동력으로 공동체 의식을 제시한다. 이 곡은 제목에서부터 화자의 의도가 직접적으로 드러난다. "하나 둘"이라는 숫자를 외치며 시작하는 이 노래는 후렴을 앞부분에 배치하여 주제를 부각시키고 음악적 효과를 더했다. 멤버들이 화음을 쌓아 부르는 "둘이 둘이", "넷이 넷이" "많이 우리 모두" 사이에 "하나는 너무 외로워", "하나는 너무 외롭지"라는 가사를 넣어 혼자보다는 여럿이 되어야 함을 반복해서 강조한다. "하나 둘"에서 시작한 수는 이후 "여덟"로 늘어나며, 마지막에는 "많이 우리 모두"로까지 확장된다. 그 수가 늘어날수록 먼 길을 더욱 잘 헤쳐 나갈 수 있다고 보았기에 이러한 증폭이 이뤄진 것이다.

　한편 최성원 1집에 수록된 〈색깔〉에서는 단순한 수의 증폭을 넘어서 그렇게 모인 것들의 다양성을 노랫말에 담아낸다. 이 노래에서는 여러 색깔이 모여 만들어내는 조화에 초점을 맞추면서 사회의 각 구성원들을 있는 그대로 인정하고 존중하는 태도를 다루고 있다.

초록 색깔이 나는 좋아 파란 색깔 있기에

주홍 색깔이 나는 좋아 빨간 색깔 있기에

이 세상 모든 색 한 색깔이면 오 그건 너무 너무해

파랑 빨강 모두 다 필요 없잖아 오 그럴 수는 없잖아

슬픔이 여기 있었기에 기쁨 또한 여기에

이별이 여기 있었기에 만남 또한 여기에

그 색깔로만 칠하자고 자꾸 너는 우기고

이 색깔만이 좋다고 자꾸 나도 우기네

도화지 하나에 한 색깔이면 오 그건 너무 너무해

그러면 도화질 찢어버릴까 오 그럴 수는 없잖아

미움이 여기 있었기에 사랑 또한 여기에

웃음이 여기 있었기에 만남 또한 여기에

빨주노초파남보 우린 모두 무지개

– 최성원, 〈색깔〉(작사 최성원) 전문

이 노래는 마치 아이들의 색칠 놀이를 묘사한 듯한 가사로 시작된다. 하얀 도화지 위에 초록색, 파란색, 주홍색, 빨간색 등 다양한 색깔로 그린 그림은 각자 자신의 주관을 가진 여러 사람들이 살아가는 세상에 대한 비유다. "그 색깔로만 칠하자고", "이 색깔만이 좋다고" 우기면 좋은 그림이 되기 어렵다고 한 데서 알 수 있듯이, 각자의 다름을 인정하며 살아갈 때 세상은 좀더 나아질 것이다. "미움이 여기 있었기에 사랑 또한 여기에/ 웃음이 여기 있었기에 눈물 또한 여기에"라는 대목에 이르면 그림에 대한 이야기는 인간사에 대한 이야기로 완전히 전환된다. 미움과 사랑, 웃음과 눈물처럼 서로 대비되는 감정들을 배제하지 않은 채 함께 포개어 놓음으로써 공존의 의미도 되새기게 된다. 또한 '나'와 '너'로 나뉘어 있던 이들이 노래의 마지막에 이르면 '우리'가 되면서 빛나는 무지개 같은 존재로 형상화된다.

당신과 내가 좋은 나라에서 만난다면

자신이 바라는 세상의 모습을 그려내다

현실을 정면으로 마주하며 극복의 의지를 보인, 그리고 각각의 개인이 조화롭게 공존해야 한다고 노래한 이들이 바라는 세상은 어떤 모습이었을까? 동아기획의 여러 뮤지션들은 더 나은 내일을 기대하며 자신의 이상향에 대한 생각을 노래에 담았다. 들국화의 〈여기가〉는 그러한 곡 중 하나다.

이렇게 맑은 아침에 이렇게 밝은 햇살이
여기가 거기야 여기가 거기야
이렇게 넓은 마음에 똑같이 저기 저 꽃이
여기가 거기야 여기가 거기야
나를 내버려둬도 돼
나를 어디든지 데리고 가도 돼
거기야 여기가 거기야
저렇게 넓은 하늘에 똑같이 저기 저 달이
여기가 저기야 여기가 저기야
- 들국화, 〈여기가〉(작사 전인권) 전문

이 노래에서는 "여기가 거기야"라는 단순한 가사의 반복을 통해 화자가 그토록 꿈꾸던 이상향에 있다는 느낌이 들게 한다. "이렇게"라는 수식어도 반복적으로 사용되는데, 이를 통해서는 화자의 감정이 고조되어 벅찬 상태임을 유추할 수 있다. 화자로 서는 이상향이 계속 펼쳐지기만 한다면 지금 그대로 있든, 이와 같은 어딘가로 가든 상관없다. 이처럼 꿈 같은 세계를 다룬 노 랫말에 단순한 악기 편성과 화성 진행이 더해지면서 주제 의식 은 더욱 선명하게 드러난다.

한편 동아기획 뮤지션 중에서 이상향을 가장 잘 표현해낸 이 는 시인과 촌장의 하덕규일 것이다. 1집에서는 오종수와, 2집에 서는 함춘호와 팀을 이뤘던 하덕규는 3집부터 시인과 촌장이 라는 팀 이름은 유지하되 홀로 음반 작업을 하며 이상향을 그 려낸 곡들을 여럿 발표했다. 3집 앨범 《숲》의 수록곡 중 〈새털 구름〉, 〈때〉, 〈좋은 나라〉, 〈푸른 애벌레의 꿈〉 등이 이에 해당 하는데, 그중 〈좋은 나라〉는 하덕규의 이상향을 가장 직접적 으로 형상화한 곡이다.

당신과 내가 좋은 나라에서
그곳에서 만난다면
슬프던 지난 서로의 모습들은
까맣게 잊고 다시 인사할지도 몰라요
당신과 내가 좋은 나라에서
그 푸른 강가에서 만난다면
서로 하고프던 말 한마디 하지 못하고
그냥 마주 보고 좋아서 웃기만 할 거예요

그 고운 무지개 속 물방울들처럼

행복한 거기로 들어가

아무 눈물 없이 슬픈 헤아림도 없이

그렇게 만날 수 있다면

– 시인과 촌장, 〈좋은 나라〉(작사 하덕규) 1절

　　하덕규가 생각하는 '좋은 나라'는 지난날의 힘든 일들을 모두 잊은 채 서로 바라만 보아도 기쁨이 넘치는 곳이다. 하덕규의 기독교적 세계관을 고려해 해석한다면, 이는 하나님의 나라, 즉 천국으로도 볼 수 있을 것이다. 이러한 세상을 바라는 화자의 마음은 "그렇게 만날 수 있다면"과 같은 가정법을 통해 표현되는데, "있다면"을 연이어 반복함으로써 화자의 간절함을 드러낸다.

　　그런데 좋은 나라를 바란다는 것은 화자의 현실이 그렇지 못하다는 것을 암시한다. 하덕규의 노래에서는 '무지개', '물방울' 등의 자연적 소재와 '푸른', '고운' 등의 수식어가 자주 쓰이는데, 가사에 직접 드러나지는 않지만 그 반대편에는 어두운 시대 상황이 자리하고 있음을 짐작할 수 있다. 그러한 시대에 아름답고 좋은 세상을 꿈꾸며 노래한다는 것은 그 자체로 하나의 버팀목이자 희망이었을 것이다.

나의 가슴속을 메워주는 이 불빛이 좋은걸

도시에서의 삶, 그 빛과 그림자를 노래하다

동아기획 뮤지션들의 노래 가운데는 도시에서의 삶을 형상화한 곡들이 여럿 있다. 이는 현재 자신이 살아가는 공간을 그려내는 것이면서, 시대의 변화에 따라 달라진 환경과 그로 인해 바뀌어간 사람들을 묘사하는 것이기도 했다. 주로 신촌 지역에서 활동한 김현식, 신촌블루스, 한영애, 서울의 다운타운에서 라이브 가수로 활동한 박학기와 장필순, 동아기획의 신진 뮤지션 김현철, 봄여름가을겨울, 오석준 등의 노래에 이러한 경우가 많았다.

김현식의 〈도시의 밤〉에서는 화려한 불빛이 가득해 어둠이라는 본질을 잃어버린 도시의 밤에서 나와 당신처럼 자그마한 존재의 소중함을 읽어냈다. 신촌블루스의 〈황혼〉에서는 회백색 건물들 사이로 해가 저무는 가운데 느끼는 소외감을 표현했고, 봄여름가을겨울의 〈외로운 사람들〉에서는 도시인이 느끼는 고독감을 담아냈다. 〈황혼〉과 〈외로운 사람들〉에 묘사된 도시는 쓸쓸함과 외로움이 가득한 공간이었다.

때론 바쁜 하루 일과를 등 뒤로 돌리고

발길 닿는 대로 걸음을 옮기다가

고개 들어 하늘을 바라다보면은

코끝이 찡한 것을 느끼지

하루 이틀 사흘 지나고 문득 뒤돌아보면

가슴 아픈 일들도 즐거운 추억도

빛바랜 사진처럼 옅어만 가고

짙은 향수만을 느낄 뿐이야

거리의 네온이 반짝거리듯

잠깐 동안 눈앞에 떠올라

거리의 바람이 스쳐 지나듯

이 내 가슴에 사라져버리는

오 내가 지금껏 걸어온 이 길은

흩어진 발자욱만 가득하고

오 내가 이제 걸어갈 저 길은

텅 빈 고독으로 가득하네

- 봄여름가을겨울, 〈내가 걷는 길〉(작사 김종진) 1절

　봄여름가을겨울 1집에 수록된 이 노래의 화자는 바쁜 일과
를 뒤로한 채 무작정 길을 걷는다. 그의 현재 상황은 좋지 않
은 듯하지만, 모든 것이 시간이 지나면 "빛바랜 사진처럼 옅어

만 가고 / 짙은 향수만을 느낄 뿐이야"라며 초연한 태도를 보인다. 하지만 우리가 일상적 공간에서 흔히 볼 수 있는 네온과 바람이 소재로 등장하면서 분위기가 자못 달라진다. 이들은 모두 잠깐 있다가 이내 사라지는 것들로 화자에게 허무감을 자아내는 대상이다. 이러한 정서는 이후로도 이어져 화자는 자신의 과거와 미래가 모두 외롭고 쓸쓸하다는 생각을 하게 된다.

그런데 도시에 관한 이미지가 항상 이처럼 부정적으로 묘사되지는 않았다. 동아기획의 신진 뮤지션 김현철은 일련의 곡들을 통해 도시를 기분 좋고 설렘 가득한 긍정적인 공간으로 그려냈다. 그의 1집 첫 번째 트랙인 〈오랜만에〉의 가사를 살펴보자.

> 나의 머릿결을 스쳐가는 이 바람이 좋은걸
> 그 누구에게도 설명할 수 없는 이 기분
> 밤은 벌써 이 도시에
> 나의 가슴속을 메워주는 이 불빛이 좋은걸
> 아무에게라도 말해주고 싶은 이 기분
> 밤은 어느새 이 도시에
> 지나쳐가는 사람들의 흥겨운 모습
> 나를 비웃는 가로등의 고독한 미소
> 나는 또 뒤돌아보지만 내게 남아 있는 건 그리움

오랜만에 느껴보는, 오랜만에 느껴보는 이런 기분

– 김현철, 〈오랜만에〉(작사 김현철) 1절

도시의 밤을 배경으로 하는 이 노래에서 화자는 바람과 불빛에 호감을 느낀다. 그 누구에게도 설명할 수 없고, 아무에게라도 말해주고 싶은 설렘을 느낀다. 화자뿐만 아니라 밤거리를 거니는 사람들 또한 흥겨워 보인다. 제목에서 알 수 있듯 화자는 이런 감정을 "오랜만에" 느꼈다. 이 단어를 통해 화자가 자주는 아닐지라도 이전에 이런 감정을 느껴본 적이 있음을 알 수 있다. 도시에서의 삶을 즐기며 긍정하는 화자의 목소리는 세련되고 도회적인 음악 스타일과 만나면서 한층 빛을 발했다.

생각이 나는지, 그 시절 음악

과거를 회상하며 노스탤지어에 잠기다

지난날의 추억을 떠올릴 때면 자연스럽게 여러 감정이 밀려들 것이다. 어떤 추억을 소환하느냐에 따라, 그리고 과거와 현재 사이의 거리감 때문에 사람들은 다양한 감정을 느끼게 된다. 슬펐던 과거가 아름답게 승화되기도 하고, 그때 그 시절에 대한 그리움이 발동하기도 하며, 예전에는 존재했던 것이 지금은 사라졌다는 것을 실감하며 울적해질 수도 있다.

동아기획 뮤지션들의 노래 중에서 과거에 대한 회상을 다룬 곡들은 이제 다시 마주할 수 없는 과거에 대한 노스탤지어를 표현한 경우가 주를 이룬다. 김현식의 〈여름밤의 꿈〉, 푸른하늘의 〈지난날〉, 〈그때 그 시절〉, 김현철의 〈눈이 오는 날이면〉, 〈춘천 가는 기차〉, 박학기의 〈향기로운 추억〉 등이 추억을 떠올리며 아련한 감정을 표현했다면, 신촌블루스의 〈나그네의 옛이야기〉, 〈향수〉 등은 고향을 그리워하는 마음을 노래에 담았다.

이에 더해 갑작스럽게 세상을 떠난 유재하를 추념하는 곡인 봄여름가을겨울의 〈보고 싶은 친구〉, 김현식의 사후에 그를 그리워하며 만든 푸른하늘의 〈영원히 나의 가슴속에〉 또한 추억의 회상이라는 범주에 속할 것이다. 먼저 세상을 떠난 동료를 추모하는 곡들을 통해, 동아기획이라는 울타리 안에서 교유한 뮤지션들 사이의 관계가 매우 돈독했음을 유추해볼 수 있다.

우선 최성원 2집에 수록된 〈생각이 나는지〉를 살펴보자. 이 곡에서는 어린 시절 음악을 듣고 악기를 처음 배웠을 때부터 본격적으로 음악 활동을 시작했던 순간까지가 콜라주처럼 펼쳐진다. 그리고 이러한 시간에 대한 그리움은 행복한 삶이 무엇인지에 대한 생각으로 화자를 이끈다.

생각이 나는지 그 시절 음악

밤새워 들었던 독수리 전축

아버지가 사주신 새 기타 냄새

도레미 딩동댕 행복했지

생각이 나는지 그 시절 솜씨

에프 코드 힘들어 쩔쩔맨 시절

하지만 더없이 난 즐거웠고

기타의 소리는 아름다웠지

우 십여 년간 제법 잘 치게 된 내 솜씨

우 그런데 왜 옛날의 기쁨은 점점 어디로

왜 어우 왜 과연 무엇 때문에

왜 어우 왜 과연 행복의 열쇠는 무언지

생각이 나는지 그 시절 음악

셋이서 모여서 일하던 술집

피아노 한 대에 베이스 기타

그래도 우리는 즐거웠지

생각이 나는지 그 시절 친구

처음으로 마련한 우리의 무대

한 친군 음향을 한 친군 조명

손님도 우리도 즐거웠지

우 몇 년 동안 많이도 불어난 손님들

우 그런데 왜 처음의 기쁨은 점점 어디로

왜 어우 왜 과연 무엇 때문에

왜 어우 왜 과연 행복의 열쇠는 무언지

– 최성원, 〈생각이 나는지〉(작사 최성원) 전문

　1절은 음악을 처음 접한 어린 시절에 자신이 경험한 일들을 구체적으로 묘사하며 시작된다. 화자는 기타를 손에 잡은 지 얼마 되지 않았을 때의 서툰 연주를 뿌듯해하고 아름답게 생각한다. 지금은 연주 실력이 훨씬 출중해졌음에도 그때의 기쁨은 사라지고 없다. 2절에서는 열악한 환경 가운데서 음악 활동을 하던 상황, 장소, 인물 등을 떠올린다. 화자는 지금의 처지가 훨씬 나아졌지만 그때야말로 그 어느 때보다 행복했음을 깨닫는다. 공연을 보러 오는 관객도 많아졌지만 그때의 기쁨 역시 사라지고 없다. 이러한 두 에피소드 뒤에 "왜 어우 왜 과연 무엇 때문에"라는 가사를 배치한 뒤 "행복의 열쇠"가 무엇인지 묻고 있다. 성공과 행복이 결코 비례하지 않는다는 주제 의식으로 수렴하는 질문이다.

어느새 내 나이도 희미해져버리고

이제는 그리움도 지워져버려

어느새 목마른 가슴 모두 잃어버린

무뎌진 그런 사람이 나는 되어만 가네

어느새

시간은 사랑하는 사람마저 빼앗아

나를 상심하게 만들었지만

어느새 이제는 가슴 시린 그런 기억조차도

모두 깨끗하게 잊어버린 무뎌진 사람이 돼가네

어느새

– 장필순, 〈어느새〉(작사 김현철) 전문

　장필순은 몽환적인 목소리로 〈어느새〉를 부르며 우울하면
서도 허탈한 멜랑콜리의 정서를 표현했다. 어느새는 '어느 틈에
벌써'라는 뜻의 부사다. 이러한 노래 제목은 부지불식간에 시
간이 빨리 흘렀다고 느끼는 화자의 마음을 집약적으로 보여준
다. 시간의 지나면서 젊은 시절의 뜨거웠던 감정이 사그라들고
감각이 무뎌진 화자는 추억을 떠올릴 때 자연스럽게 뒤따라오
는 그리움마저 상실한 상태다.

　〈어느새〉는 장필순 1집의 타이틀 곡이었는데, 이 앨범에 수

록된 〈사랑은 이렇게 또〉에서도 이와 유사한 허탈감을 표현했다. 이 노래의 화자는 사랑하는 사람과의 이별에 대해 극적으로 슬퍼하는 것이 아니라 덤덤한 태도를 보이는데, 이는 다른 대중음악 가사에서 나타나던 이별의 정서와는 매우 다른 것이었다. 이런 멜랑콜리한 정서는 안개와 같은 장필순의 목소리와 만나면서 당대 대중들의 많은 공감을 얻었다.

슬퍼하지 말아요, 혼자라고 느낄 때
외롭고 힘든 이들에게 위로와 격려를 보태다

힘든 상황에 처한 이들에게 건네는 따뜻한 위로와 격려는 그들에게 다시 한번 세상을 힘차게 살아가게 하는 원동력이 된다. 진심 어린 말 한마디가 마음의 짐을 덜고 깊은 슬픔에서 벗어나게 하는 힘이 되는 것이다.

동아기획의 초창기에 든든한 버팀목이 되어주었던 조동진은 〈슬픔이 너의 가슴에〉, 〈제비꽃〉, 〈얘야, 작은 아이야〉 등을 통해 대중에게 위로의 메시지를 건넸다. 특히 〈슬픔이 너의 가슴에〉에서는 이미 슬픔을 경험해본 사람의 위치에서 이를 덜어내는 방법을 조언한다.

슬픔이 너의 가슴에

갑자기 찾아와 견디기 어려울 때

잠시 이 노래를 가만히 불러보렴

슬픔이 노래와 함께 조용히 지나가도록

내가 슬픔에 지쳐 있었을 때

그렇게 했던 것처럼

외로움이 너의 가슴에

물처럼 밀려와 견디기 어려울 때

잠시 이 노래를 가만히 불러보렴

외로움이 너와 함께 다정한 친구 되도록

내가 외로워 잠 못 이룰 때

그렇게 했던 것처럼

내가 슬픔에 지쳐 있었을 때

그렇게 했던 것처럼

- 조동진, 〈슬픔이 너의 가슴에〉(작사 조동진) 전문

    이 노래의 화자는 세상에 달관한 듯한 태도를 보인다. 또한 "내가 슬픔에 지쳐 있었을 때/ 그렇게 했던 것처럼"이라는 가사를 통해 화자 또한 외롭고 힘든 시간을 거쳐왔음을 추측할 수 있다. 청자로서는 화자가 자신과 같은 경험을 했다는 것을 알게

될 때 마음의 문이 열리고 화자의 이야기를 들어보고 싶어질 것이다. 조동진은 나긋나긋하지만 담담한 목소리로 "잠시 이 노래를 불러보렴"이라고 읊조린다. 따뜻하면서도 분명한 조언이다. 그저 가만히 노래를 따라 부르는 것만으로도 슬픔이 지나갈 수 있다는 것, 그것이 바로 음악이 가진 힘일 것이다.

　김현식 또한 자작곡 〈슬퍼하지 말아요〉에서 대중에게 위로를 건넸다. 이미 슬픔을 겪어본 사람이 이를 지나가게 두라는 조언을 한다는 점에서 이 곡은 〈슬픔이 너의 가슴에〉와 닮아 있다.

> 슬퍼하지 말아요 혼자라고 느낄 때
>
> 우린 처음부터 이렇게 혼자였던 거예요
>
> 슬퍼하지 말아요 외롭다고 느낄 때
>
> 흘러가는 세월 그 속에 외로움도 잠기죠
>
> 멀어져만 가는 어린 날
>
> 그 따뜻한 햇살 받은 꿈
>
> 찾을 길이 없어요 추억으로 남겨요
>
> 슬퍼하지 말아요 혼자라고 느낄 때
>
> 우린 처음부터 이렇게 혼자였던 거예요
>
> – 김현식, 〈슬퍼하지 말아요〉(작사 김현식) 1절

이 노래에서는 '혼자'라는 단어의 사용이 두드러진다. 의식적으로든 무의식적으로든 많은 사람들은 이 세상을 더불어 살아가야 한다고 생각한다. 이를 거스르고 혼자가 된다는 것은 외롭고 쓸쓸한 일이다. 그런데 〈슬퍼하지 말아요〉의 화자는 이러한 통념을 깨고 "우린 처음부터 이렇게 혼자였던 거예요"라고 노래한다. 외로움의 시간을 거치며 길어낸 깨달음이다. 김현식은 또 다른 노래 〈향기 없는 꽃〉에서도 화려하고 향기가 있는 꽃이 아름답다는 관습적 사고방식을 깨면서 외면의 화려함보다 내면의 진실성을 중시하는 메시지를 전했다.

사랑해요라고 쓴다

선망하는 대상에 대한 흠모의 마음을 담다

창작자들은 자신의 미적 기준에 부합하는 대상에 대해 부러워하고 흠모하는 마음을 작품으로 표현하곤 한다. 동아기획 뮤지션들의 노래에서도 그런 면모를 발견할 수 있는데, 선망의 대상으로는 자연, 사람, 동물, 사물 등이 있었지만, 그중 자연을 다룬 곡이 다수였다. 이때 자연은 그 자체로 선망의 대상이기도 하지만, 자연의 의미를 새롭게 해석함으로써 의미를 부여하기도 했다.

조동진은 '나무'라는 소재를 통해 자신의 세계관을 드러낸 경우가 많은데, 이는 〈나무가 되어〉, 〈나무를 보라〉 등의 노래 제목에서도 확인할 수 있다. 또한 〈끝이 없는 바람〉에서는 '바람'이라는 소재를 시련의 대상이 아닌 성찰의 시간을 갖게 하는 대상으로 표현하면서 기성 대중가요의 가사와 다른 시각을 보여주었다. 한편 봄여름가을겨울은 동명의 곡 〈봄여름가을겨울〉을 통해 시간의 흐름에 따라 변해가는 사계절과 아름다운 강산을 노래했고, 시인과 촌장은 〈풍경〉, 〈고양이〉, 〈나무〉 등에서 자연 친화적 소재를 비유의 대상으로 활용하여 작가 의식을 드러냈다.

새벽 공기를 가르며 나르는 새들의 날갯죽지 위에
첫차를 타고 일터로 가는 인부들의 힘센 팔뚝 위에
광장을 차고 오르는 비둘기들의 높은 노래 위에
바람 속을 달려 나가는 저 아이들의 맑은 눈망울에
사랑해요라고 쓴다 사랑해요라고 쓴다

피곤한 얼굴로 돌아오는 나그네의 저 지친 어깨 위에
시장 어귀의 엄마 품에서 잠든 아가의 마른 이마 위에

공원 길에서 돌아오시는 내 아버지의 주름진 황혼 위에

아무도 없는 땅에 홀로 서 있는 친구의 굳센 미소 위에

사랑해요라고 쓴다 사랑해요라고 쓴다

수없이 밟고 지나는 길에 자라는 민들레 잎사귀에

가고 오지 않는 아름다움의 이름을 부르는 사람들에게

고향으로 돌아가는 소녀의 겨울 밤 차 유리창에도

끝도 없이 흘러만 가는 저 사람들의 고독한 뒷모습에

사랑해요라고 쓴다 사랑해요라고 쓴다

– 시인과 촌장, 〈사랑 일기〉(작사 하덕규) 전문

　〈사랑 일기〉의 화자는 지치고 힘들고 나약하고 고독한 존재
들을 아름답고 따스하게 바라본다. 평소에는 눈에 잘 들어오지
않는 조그만 것들이지만, 작가의 시선과 만나면서 이들은 미적
대상으로 승화된다. 또한 "사랑해요라고 쓴다"라는 가사를 반
복함으로써 이 조그만 것들이 가치 있는 존재임을 강조한다.

　박학기 2집에 수록된 〈오래된 친구〉, 한영애 2집과 신촌블루
스 2집에 수록된 〈루씰〉은 자신들의 동반자인 기타와 음악을
미적 대상으로 삼았다는 공통점이 있다. 〈오래된 친구〉에서 화
자의 오래된 기타는 지금껏 경험해보지 못한 세상으로 자신을

인도해준 대상이고, 오래된 음악은 메마른 마음을 따스하게 위
로해준 존재다. 박학기는 감미로운 목소리로 자신의 오래된 기
타와 음악에 대한 애틋한 마음을 읊조렸다. 이에 반해 신촌블
루스의 보컬 한영애는 파워풀한 목소리로 '루씰'에 대한 부러움
을 노래했다. '루씰'은 블루스의 거장 비비 킹이 자신의 기타 '깁
슨 ES-335'를 부른 애칭이다.

루씰 풀밭 같은 너의 소리는
때론 아픔으로 때론 평화의 강으로
그의 마음속에 숨은 정열들을 깨워주는 아침
알고 있나 루씰 그는 언제나 너를 사랑하네

루씰 꿈속 같은 너의 노래는
때론 땅 위에서 때론 하늘 저 끝에서
그의 영혼 속에 가리워진 빛을 찾게 하는 믿음
알고 있나 루씰 그는 언제나 너와 함께 있네

루씰 수줍은 듯 너의 모습은
때론 토라지듯 때론 다소곳하여
그의 차가운 손짓에도 온몸을 떠는 바닷속의 고요

알고 있나 루씰 나도 너처럼 소리를 갖고 싶어

　– 한영애, 〈루씰〉(작사 한영애) 전문

　루씰의 소리는 다채롭다. 풀밭이나 꿈속 같기도 하고, 토라진
듯했다가도 다소곳하다. 다채로운 소리만큼이나 그 소리가 인
도하는 세계 또한 다양하다. 루씰의 주인인 그, 즉 비비 킹은 언
제나 이러한 루씰과 함께 있고 루씰을 사랑한다. 화자는 "나도
너처럼 소리를 갖고 싶어"라며 부러움의 감정을 직접적으로 드
러낸다. 음악인으로서 루씰처럼 다채롭고 멋진 소리를 내고 싶
다는 소망을 보여준 것이다.

나는 누굴까, 내일을 꿈꾸는가
자신에 대한 성찰과 종교적인 관점을 담아내다

　동아기획 뮤지션들의 노래 가운데는 내면을 성찰하거나 종교
적 세계관을 보여주는 곡들이 있다. 이는 자기 노래를 직접 작
사·작곡하고 부르면서 작가주의적 면모를 보인 동아기획 뮤지
션들의 특징이 잘 드러나는 사례일 것이다. 봄여름가을겨울 2집
의 타이틀 곡 〈어떤 이의 꿈〉은 인간의 여러 특성들을 살피면

서 자기 자신에 대한 성찰을 끌어낸 가사가 눈에 들어온다.

> 어떤 이는 꿈을 간직하고 살고
> 어떤 이는 꿈을 나눠주고 살며
> 다른 이는 꿈을 이루려고 사네
> 어떤 이는 꿈을 잊은 채로 살고
> 어떤 이는 남의 꿈을 뺏고 살며
> 다른 이는 꿈은 없는 거라 하네
> 세상에 이처럼 많은 사람들과
> 세상에 이처럼 많은 개성들
> 저마다 자기가 옳다 말을 하고
> 꿈이란 이런 거라 말하지만
> 나는 누굴까 내일을 꿈꾸는가
> 나는 누굴까 아무 꿈 없질 않나
> 나는 누굴까 내일을 꿈꾸는가
> 나는 누굴까 혹 아무 꿈
> - 봄여름가을겨울, 〈어떤 이의 꿈〉(작사 김종진) 1절

앞부분에서는 세상을 살아가는 여러 사람들이 '꿈'에 대해 어떤 입장을 취하는지 열거하고 있다. 같은 시대를 살아가고 있

지만, 꿈에 대해서는 모두들 제각각의 생각을 품고 있다. 화자는 이렇게 타인들을 일별한 뒤 자기 자신에 대한 질문을 이어간다. "나는 누굴까 내일을 꿈꾸는가/ 나는 누굴까 아무 꿈 없질 않나"라고 자문하면서 자신을 성찰해보는 것이다. 타인을 찬찬히 관찰한 뒤 스스로를 돌아보는 질문을 던짐으로써 이 노래는 진정한 자기 자신을 탐색하는 모습을 보여준다.

한편 기독교적 세계관을 바탕으로 세상과 자신을 바라보고 노래한 동아기획 뮤지션들 또한 눈에 띈다. 그룹 이름부터 기독교적 색채가 드리운 빛과 소금, 인간 존재에 대한 종교적 성찰을 보여준 시인과 촌장의 하덕규가 대표적이다. 시인과 촌장은 3집부터 종교적인 소재를 노래에 끌어들이기 시작하는데, 하덕규는 이 앨범에서부터 "내가 어쩔 수 없는 어둠이 나를 지배하고, 내가 이길 수 없는 슬픔이 나를 가시나무와 같이 살게 하는 그 현장을 묘사하기 시작"했다고 회고한 바 있다.[3]

내 속엔 내가 너무도 많아 당신의 쉴 곳 없네
내 속엔 헛된 바램들로 당신의 편할 곳 없네
내 속엔 내가 어쩔 수 없는 어둠 당신의 쉴 자리를 뺏고
내 속엔 내가 이길 수 없는 슬픔 무성한 가시나무 숲 같네
바람만 불면 그 메마른 가지 서로 부대끼며 울어대고

쉴 곳을 찾아 지쳐 날아온 어린 새들도 가시에 찔려 날아가고

바람만 불면 외롭고 또 괴로워 슬픈 노래들 부르던 날이 많았는데

내 속엔 내가 너무도 많아서 당신의 쉴 곳 없네

– 시인과 촌장, 〈가시나무〉(작사 하덕규) 전문

　시인과 촌장의 3집 수록곡 〈가시나무〉에서는 한없이 부족한 인간인 내가 당신에게 고백하는 장면이 연출된다. "내가 어쩔 수 없는 어둠", "내가 이길 수 없는 슬픔" 때문에 화자는 다른 대상들을 힘들게 하는 무성한 가시나무 숲을 만들어버린 상태다. '바람'과 '가시'는 '메마른 가지'와 '어린 새들'처럼 연약한 존재들에게 시련을 준다. 이때 '당신'은 화자의 인간적 한계를 솔직히 드러내고 고백하는 것이 가능한 대상이라는 점에서 종교적인 뉘앙스를 풍긴다. 이 노래 이후로 시인과 촌장은 꾸준히 종교적인 세계관을 보여주는 곡들을 선보였다.

5장

장르별로 살펴본
음악의 스펙트럼

동아기획에 소속된 음악인들은 노래를 부르는 '가수'의 역할을 넘어서 '뮤지션'으로 자신의 정체성을 구축하고 있었다. 직접 곡을 만들고 연주하고 노래함으로써 음반의 적극적인 주체로 자리매김한 것이다. 동아기획의 음반은 다른 음반·기획사의 음반에 비해 연주곡의 비율이 높은데, 자신을 뮤지션으로 정체화한 이들의 작업이었기에 가능한 일이었다.

이들은 영미권의 포크, 팝, 록, 블루스, 재즈 등에서 영향을 받았으며, 이를 자신의 창작에 적용하여 다양한 표현을 펼쳐냈다. 이번에는 세부적인 음악 장르를 기준 삼아 동아기획 뮤지션들의 음악적 특징을 살펴볼 것이다. 다만 분석 대상은 4장과 마찬가지로 동아기획의 정체성을 가장 뚜렷하게 보여준 1984년부터 1992년까지의 앨범 수록곡(연주곡 포함)으로 한정했다.

포크 계열의 음악

통기타 음악의 진전, 서정성 가득한 음악의 변주

포크 음악은 입에서 입으로 전해 내려오는 구전 민요, 민속음악, 노동요 등을 포괄하는 개념이다. 다만 대중음악 분야에서는 1950년대 말에서 1960년대 초 사이 영미권에서 인기를 끈 '모던 포크' 장르를 포크 음악으로 통칭하곤 한다. 이는 국내로도 유입되어 1970년 전후부터 '통기타 음악'으로 불리며 대중가요의 한 갈래로 자리 잡았다.[1] 당대의 포크 음악은 기성세대의 문화와는 구별되는 청년문화의 상징이었다. 창작자와 수용자의 상당수가 대학생을 비롯한 20대였다는 점에서 전문 가수들이 무대에 올라 부르는 대중가요와는 그 양상이 달랐으며, 음악 양식적으로도 분명한 차이가 있었다.

한국에서 포크 음악은 외국 곡을 모방하거나 국내 상황에 맞게 번안하는 단계를 거치다가 점차 본격적인 창작이 이뤄졌다. 창작 음악의 확산은 곧 싱어송라이터의 태동으로도 이어졌다. 담백한 멜로디에 어쿠스틱 기타 반주 정도를 더한 포크 음악은 그 단순함으로 인해 창작자의 의도를 드러내는 것이 수월했다. 새롭게 대두된 포크 음악 싱어송라이터들은 작사, 작곡, 가창, 연주 등을 통해 자신의 생각과 태도를 한껏 음악에 담아냈다.

그런데 특정 세대를 중심으로 인기를 이어가던 포크 음악은 1970년대 중반 대마초 파동과 가요정화운동의 여파로 한순간 자취를 감추게 된다. 이는 포크 음악의 구심점이던 가수들이 활동을 금지당하면서 생긴 공백기로, 국내 대중음악계가 이전과는 다른 양상으로 전개되기 시작한 시점이기도 했다. 가까스로 활동 금지 대상에서 빗겨간 조동진, 이정선, 정태춘 등은 자작곡을 중심으로 한 라이브 공연 활동을 지속했다. 특히 조동진은 소극장 공연을 이어가며 언더그라운드 씬을 형성해 나갔다. 그를 따르던 후배들이 공연을 돕기 위해 모여들면서 자연스럽게 '조동진 사단'도 형성되었다.

　　조동진 사단 사람들이 모두 동아기획에 소속된 것은 아니었지만, 이들 중 상당수가 동아기획과 계약을 맺고 음악적 교유를 했다. 언더그라운드 씬에서 주로 향유되던 포크 음악은 그렇게 동아기획의 초창기 사운드로 자리하게 된다. 조동진을 필두로 시인과 촌장, 들국화, 김현식, 한영애 등이 포크 록, 포크 팝, 포크 발라드 등 포크 계열의 음악을 선보였는데, 이 글에서 분석 대상으로 삼은 노래 370곡 중 41곡이 이에 해당했다.

　　포크 음악계의 대표적인 음유시인 조동진의 사례를 먼저 살펴보자. 그는 앨범 수록곡 전체를 포크 장르로 꽉 채우면서 서정적 감수성을 일관되게 선보였다. 그의 음악은 기본적으로 어쿠스틱 기타 반주에 신시사이저의 패드pad 음색을 추가한 형태였고, 여기에 솔로 악기를 더하기도 했고 드럼 및 베이스를 추가하여 밴드 구성을 하는 경우도 있었다. 어쿠스틱 기타의 단독 반주에 맞춰 노래하던 대부분의 포크 뮤지션들과 달리, 조동진은 음악의 배경으로 늘 패드 음색을 깔았다. 이는 안개처럼 몽환적인 분위기를 연출하면서 차분한 조동진의 목소리를 감싸 안는 효과를 냈다. 1980년대에 이르러 기술의 발전으로 신시사이저가 도입되면서 패드 음색이나 새소리, 바람 소리 등과 같은 효과음을 추가하는 것이 가능해진 덕분이었다. 가사를 통한 표현에 주력하던 포크 음악에 효과음이 더해지면서 음악적 표현의 범주도 더욱 넓어졌다.

조동진이 동아기획에서 낸 첫 앨범인 3집의 수록곡들을 살펴보면, 〈너의 노래는〉, 〈아침이 오고, 다시 저물고〉, 〈차나 한 잔 마시지〉에서 그는 어쿠스틱 기타와 패드 음색을 배경 삼아 나긋나긋한 목소리로 사색의 시간을 형상화했다. 이 앨범에서 가장 잘 알려진 곡인 〈제비꽃〉에서는 아코디언, 클라리넷, 하프시코드 등의 악기를 추가해 노래 사이사이를 교차하는 애드립 라인을 선보였는데, 멜로디 위에 화음을 쌓으면서 가사를 더해 음악적 서사를 이어 나간 부분이 인상적이다. 또한 〈끝이 없는 바람〉에서는 드럼, 베이스, 피아노, 일렉트릭 기타, 신시사이저

조동진이 동아기획에서 발매한 3집 앨범. 포크 음악계의 음유시인다운 작업이었으며, 이 앨범 작업을 계기로 이후로 많은 동아기획 뮤지션들이 그와 교류하게 된다.

등이 추가된 밴드 사운드를 활용해 어쿠스틱 기타 한 대로 보여주기 어려운 음악적 표현을 시도했다. 다채로운 바람의 모습을 형상화하기 위해 다양한 악기의 음색과 주법을 활용한 것이다.

언더그라운드 밴드 시인과 촌장은 2집과 3집을 동아기획에서 제작했는데, 2집에서는 1집 때 하덕규와 함께했던 오종수 대신 함춘호가 영입되었다. 탁월한 기타리스트 함춘호가 가세하면서 2집에는 포크 음악에 프로그레시브 록 사운드가 접목된 음악들이 다수 포함되었다. 이후 3집은 하덕규의 1인 프로젝트 앨범으로 제작되면서 자연적이면서 종교적인 느낌이 강해졌다. 즉 시인과 촌장은 1집부터 3집까지 매번 멤버가 바뀌었기 때문에 음악적 색채에 편차가 있을 수밖에 없었다.

    시인과 촌장은 조동진과 마찬가지로 새소리, 바람 소리와 같은 효과음을 적극적으로 음악에 끌어들였다. 또한 하모니카, 클라리넷, 플루트 등의 솔로를 적용한 점도 조동진과 공통되는 부분이었다. 예를 들어 〈떠나가지마 비둘기〉, 〈숲〉, 〈때〉에서는 하모니카 솔로가, 〈진달래〉에서는 클라리넷 솔로가 더해졌고, 〈새털구름〉에서는 플루트와 보컬의 허밍이 동일한 멜로디를 함께 노래했다. 보컬의 화음을 적극 활용한 점도 눈에 들어오는데, 가령 2집에 수록된 〈풍경〉이나 〈푸른 돛〉에서는 멜로디 전체를 2성 화음으로 단아하게 표현했다.

    포크 음악은 선율의 높낮이가 크지 않고, 후렴에서도 감정을 절제하여 강하게 표출하지 않는다. 하지만 시인과 촌장의 노래들은 포크 음악의 골격을 갖추면서도 절정부에서 멜로디가 도약하여 다이내믹한 고조를 보인다. 대표적인 사례로 자유에 대한 갈망을 노래한 〈푸른 애벌레의 꿈〉을 들 수 있는데, 2절 이후의 브리지 부분에 드럼이 강하게 치고 들어오면서 보컬의 멜로디가 고조된다. 다음 파트에서는 "자유"라는 가사가 반복해 이어지면서 노래의 주제를 깊이 각인시킨다.

    한편 들국화는 1980년대 한국 언더그라운드 록을 대표하는 그룹이지만, 이들의 음악적 뿌리는 포크에 있었다. 전인권이 포크 그룹 '따로 또 같이'의 1집 보컬로 데뷔했으며, 최성원과 허성욱이 이 그룹의 2집 작업에 참여했다는 점을 통해서도 이를 유추할 수 있다. 〈축복합니다〉, 〈매일 그대와〉, 〈님을 찾으면〉, 〈1960년 겨울〉, 〈여기가〉 등이 들국화가 발표한 포크 계열 곡들인데, 이들 노래에는 허성욱의 영향으로 조화로운 피아노 연주가 깔려 있다. 〈축복합니다〉에서는 어쿠스틱 기타와 피아노의 아르페지오 연주가 전주로 펼쳐진 뒤 멤버들의 보컬이 순서대로 나오다가 후렴에서 이들의 화음이 어우러졌다. 새 지저귀는 소리를 표현한 신시사이저 음색이 돋보이는 〈매일 그대와〉에서는 좌우로 소리가 움직이는 패닝 음향 효과를 활용해 어쿠스틱 기타의 스트로크 반주를 찰랑거리는 듯 입체적으로 표현했다. 최성원의 메인 보컬과 화음을 넣은 전인권의 목소리가 잘 어우러지는 인상적인 곡이다.

록 계열의 음악

젊은 세대를 상징하는 강렬한 사운드의 향연

1950년대 중·후반, 미국에서 베이비 붐 세대의 호응을 얻으며 등장한 로큰롤은 1960년대 들어 '록'으로 진화한다. 비틀스와 롤링스톤스를 필두로 한 영국 밴드들이 미국의 팝 차트를 점

령한 브리티시 인베이전British Invasion 이후 영미권의 음악이 서로 영향을 주고받으며 발전하게 된 결과였다. 이전까지는 팝 장르의 한 범주였던 록이 이즈음부터 하드록, 사이키델릭 록, 프레그레시브 록, 글램 록, 소프트 록 등 복잡한 지류를 가진 음악으로 세분화된다. 드럼, 베이스, 기타, 건반 등의 밴드 구성을 기반으로 한 록 음악은 시대와 지역, 음악 스타일, 수용자의 하위문화 등에 따라 이처럼 다양하게 분류되고 있다.

한국의 록 음악은 1960~80년대 영미 록의 직접적인 영향을 받으며 발전하여 젊은 세대의 상징 중 하나로 자리 잡았다. 이는 기성세대가 향유하던 트로트나 스탠다드 팝 장르의 대안이었다는 측면에서 포크 음악과 결을 같이했다. 이 글에서 분석 대상으로 삼은 동아기획의 음반 수록곡 370곡 중 록 음악은 57곡이었다. 한국적인 록 사운드를 정립한 들국화를 비롯하여 해체 이후 솔로 앨범을 낸 들국화의 멤버들, 기타리스트 함춘호가 가세하여 한층 음악적 범주를 넓힌 시인과 촌장, 신촌블루스에서 활동한 한영애와 김현식, 동아기획의 신진 뮤지션 푸른하늘 등이 동아기획에서 록의 목소리를 낸 뮤지션이었다.

강렬한 사운드로 대중의 마음을 사로잡은 들국화의 앨범에는 다채로운 록 계열의 곡들이 수록되어 있다. 1집의 첫 번째 트랙 〈행진〉은 메이저 키에서 피아노의 경쾌한 오스티나토 리듬으로 시작되다가 베이스가 들어오면서 마이너 키로 전환된다. 이어서 등장하는 관악기의 음색은 엄숙하면서도 비장한 분위기를 자아내며, 후렴의 도입부터는 드럼의 리듬이 치고 들어오면서 한껏 분위기가 고조된다. 이 외에도 들국화는 로큰롤 스타일로 희망찬 미래를 향해 달려가는 마음을 노래한 〈세계로 가는 기차〉, 하드록 사운드로 자유에 대한 갈망을 그려낸 〈너는〉, 민요적 요소를 록에 접목한 〈너랑 나랑〉, 악기 반주 없이 멤버들의 아카펠라로 강렬하게 시작하는 〈쉽게〉 등 다양한 록 음악을 선보였다. 특히 들국화의 특징이 잘 드러나는 곡은 〈그것만이 내 세상〉, 〈사랑일 뿐이야〉, 〈제발〉, 〈아침이 밝아올 때까지〉처럼 템포가 느린 록 발라드였다. 이러한 록 사운드는 전인권이라는 보컬의 창법을 통해 비로소 완성되었는데, 절규와 포효를 담은 보컬에 다이내믹한 연주가 더해지면서 감정이 극적으로 드러난 곡들이 대중에게도 호소력 있게 다가갔다.

들국화가 해체된 뒤 전인권과 허성욱이 팀을 이뤄 선보인 《1979~1987 추억 들국화》 앨범은 한 곡을 제외하고는 록 장르의 음악으로 채워졌다. 첫 번째 트랙인 〈시작곡〉은 흥겨운 관악기 연주로 시작되다가 앨범의 맨 마지막 곡인 〈사노라면〉의 멜로디로 이어진다. 앨범에 수록된 첫 곡과 마지막 곡을 유기적으로 연결한 것이다. 한편 이 앨범에서는 들국화의 앨범에 비해 허성욱의 피아노 연주가 전면에 드러난다. 피아노의 반복적인 8비트 리듬에서의 악센트 사용, 16분음표의 연속적인 오스티나토와 글리산도 표현 등을 통해 록 음악의 사운드를 구현한 것이다.

포크 음악과 록 음악의 경계에 있던 또 다른 팀인 시인과 촌장은 하덕규와 함춘호의 만남으로 음악적 표현의 범주가 넓어진 경우였다. 둘이 함께 작업한 2집 가운데 〈고양이〉, 〈매〉, 〈비둘기 안녕〉이 록 계열의 곡인데, 모두 동물 이름을 노래 제목으로 사용한 점이 눈에 들어온다.

〈고양이〉는 수염, 발톱, 꼬리, 눈 등의 모습을 묘사하여 우아하고 신비로운 존재로 고양이를 그려낸 곡이다. 음악적으로 보면 고양이의 움직임은 일렉트릭 기타와 피아노의 미묘한 음색으로, 고양이의 울음소리는 보컬의 음색으로 표현했다. 하덕규는 고양이를 완벽한 아름다움을 가진 대상으로 그려냄으로써 인간의 한계와 부족함을 드러내고 싶었다고 한다.[2] 프로그레시브 록의 분위기로 시작했다가 중반에 이르면 컨트리의 요소가 다분한 음악으로 장르가 바뀌는 것도 흥미로운 지점이다. 이때는 어쿠스틱 기타의 발랄한 리듬이 반복되면서 고양이를 흠모하는 화자의 마음이 흥겹게 표현된다.

2집 앨범의 마지막 곡인 〈비둘기 안녕〉은 안개처럼 깔리는 패드 음색과 교회 종소리 효과로 인해 장송곡 같은 느낌으로

동아기획에서 발매한, 록 음악을 선보인 음반들. 들국화의 해체 이후 전인권과 허성욱이 팀을 이뤄 선보인 《1979~1987 추억 들국화》 앨범의 커버 앞면과 뒷면(위), 하덕규와 함춘호의 협업으로 완성된 시인과 촌장 2집(아래 왼쪽), 한영애의 대표작으로 평가받는 2집 《바라본다》(아래 오른쪽).

시작된다. 초반에는 비둘기를 잃은 슬픔을 속으로 삼키는 듯한 화자의 심사가 포크적인 색채로 그려진다. 그러다가 고음으로 울부짖듯 "비둘기 안녕"을 반복하는 후반에 이르면, 이것이 세상과의 영원한 작별을 고하는 마지막 인사로 처절하게 다가온다. 이후 보컬의 감정선을 그대로 이어받은 일렉트릭 기타의 솔로가 프로그레시브 록적인 빛깔로 1분 30초가량 지속되며 마무리된다.

'한국의 제니스 조플린' 한영애가 선보인 두 번째 솔로 앨범 《바라본다》는 그녀의 대표곡들이 다수 수록된, 음악적 에너지를 한껏 분출한 앨범이다. 이 앨범에서 한영애는 〈젊은 날의 아픔〉과 같은 소프트 록부터 〈달〉과 같은 하드록까지 소화해냈으며, 타이틀 곡 〈바라본다〉에서는 프로그레시브 록의 면모를 보여주었다. 특유의 파워풀한 고음으로 "바라본다"라고 외치며 강렬하게 시작하는 이 노래는 사사로운 욕망을 내려놓고 자유로워지기를 바라는 간절한 마음을 담아냈다. 음악적으로는 도입부와 후렴이 확연하게 대조되며, 오르간, 일렉트릭 기타, 드럼, 베이스, 스트링의 음색이 교차하면서 곡을 이끌어간다. 후렴에서는 "사랑하리라"를 반복하는 보컬 코러스의 제창에 한영애가 "그 뜨겁던 눈물의 의미를", "그 외롭던 생명의 향기를"이라는 노랫말로 응답한다. 이처럼 메인 보컬과 백그라운드 보컬이 노래를 주고받는, 블루스에서 많이 사용되던 콜 앤드 리스폰스call and response를 통해 자유를 향한 강렬한 열망을 분출하며 음악은 마무리된다.

블루스 계열의 음악

진하면서도 카리스마 있는 감성의 표현

블루스는 블루노트를 포함한 블루스 스케일, 12마디 혹은 16마디로 이루어진 화성 진행, 특유의 바운스 리듬 등을 특징으로 하는 음악이다. 아프리카에서 미국으로 이주해온 이들의 음악을 기반으로 한 블루스는 록, 소울, 가스펠, 펑크 등의 형성에 직접적인 영향을 주었다. 이 장르는 사운드의 성격, 리듬의 종류, 템포 등에 따라 다양하게 세분화되었으며, 드럼, 베이스, 일렉트릭 기타 편성을 기본으로 하되 오르간, 색소폰 등이 추가되기도 했다. 악기의 구성만큼이나 보컬의 블루지한 감성 표현, 밴딩을 통한 음정 처리, 애드립 등을 통해 블루스의 장르적 특성이 드러난다.

블루스 계열의 음악을 가장 많이 선보인 동아기획 뮤지션은 팀 이름에서부터 음악적 정체성을 드러낸 신촌블루스이다. 엄인호와 이정선이 주축이 된 팀이었는데, 엄인호는 비틀스, 롤링 스톤스 등의 음악을 즐겨 들으며 블루스 록을 추구했고 이정선은 닐 영, 야드버즈, 레드 제플린, 무디 블루스의 음악에 영향을 받았다. 이러한 성향의 뮤지션이 함께했기에 팀 이름에 '블루스'를 내걸 수 있었을 것이다.

신촌블루스는 김현식, 한영애, 정서용, 정경화, 김형철, 정희남, 이은미 등 유수한 보컬들이 거쳐간 팀으로도 잘 알려져 있는데, 이들 가운데 김현식과 한영애는 동아기획에서 솔로로 활동하며 블루스 곡을 여럿 발표하기도 했다. 이 글의 분석 대상 중에서는 34곡이 블루스 계열이었는데, 이중 3분의 2가량이 신촌블루스의 노래였다.

신촌블루스는 정통 블루스를 비롯하여 블루스의 형태를 유지하면서도 록의 사운드를 취한 블루스 록, 미국 남부 흑인들의 댄스 리듬을 가미한 셔플 블루스, 템포가 느린 슬로우 블루스 등 다양한 블루스 음악을 선보였다. 대중음악 연구자 박애경은 신촌블루스의 음악 활동을 통해 국내에서 트로트에 속하는 음악 장르 정도로 여겨졌던 블루스 장르가 "언더그라운드의 언어로 재정립"되었다고 보았다.[3]

신촌블루스가 발표한 블루스 계열의 음악을 살펴보면, 제목에서 공통된 소재를 발견할 수 있다. 〈비오는 날〉, 〈비오는 어느 저녁〉, 〈비오는 날의 해후〉, 〈내 맘속에 내리는 비는〉, 〈바람인가, 빗속에서〉와 같이 '비'가 소재로 등장하는 것이다. 우울한 감성을 동반하는 블루스 장르 특유의 음악적 색채감이 '비'라는 문학적 소재와 만난 것인데, 이러한 곡들을 통해 신촌블루스는 사랑의 이별과 아픔, 도시에서 느끼는 외로움 등을 형상화했다.

가령 〈비오는 날의 해후〉에서는 비가 주룩주룩 내리는 어느 날, 헤어진 연인과 추억의 장소에서 우연히 다시 만나게 된 상황을 그리고 있다. 화자는 용기를 내어 아직 사랑의 감정이 남아 있음을 고백하지만, 엇갈린 타이밍으로 인해 이들의 사랑은 다시 이루어지지 못한다. 이때 곡의 단조 조성과 블루스 리듬은 구슬프고 애절한 분위기를 연출해주는 역할을 한다. 노래를 부르는 엄인호의 감정이 고조될수록 기타 솔로, 드럼, 베이스, 보컬 코러스 또한 다이내믹하게 조응하며, 빗소리와 천둥 및 번개 소리 등의 효과음이 더해져 화자의 괴로운 마음이 극적으로 표현된다. 이 노래에 사용된 '비'라는 소재는 실제 날씨를 가리키는 것이면서 동시에 화자의 눈에서 흐르는 눈물을 감춰주는 역할도 해서 더더욱 구슬픔을 자아낸다.

한편 신촌블루스의 〈마지막 블루스〉는 블루스 음악의 형식미를 갖춘 대표적인 곡 중 하나다. 블루스 스케일을 근간으로

동아기획에서 발매한 신촌블루스의 음반들. 이름에서부터 자신의 음악적 정체성을 드러낸 신촌
블루스는 한국적 블루스의 전형을 제시한 팀으로 평가받고 있다. 이들은 정규 2집부터 4집까지,
그리고 2장의 라이브 앨범을 동아기획에서 출시했다.

삼은 선율, 드럼, 베이스, 오르간의 반주, 일렉트릭 기타와 색소폰이 교차하는 즉흥 연주를 바탕으로 보컬을 담당한 정경화의 밴딩 처리와 애드립이 더해져 블루스 장르의 음악적 색채감이 짙게 드러난다.

또 다른 곡 〈그댄 바람에 안개로 날리고〉에는 '맨발의 디바' 이은미가 객원 보컬로 참여했는데, 이 노래는 이은미의 데뷔곡이라 할 수 있으며 그녀가 직접 가사를 썼다. 지금의 허스키한 목소리와는 상당히 다른, 풋풋하면서도 시원시원하게 쭉 벋어가는 이은미의 목소리가 인상적인 곡이다. 색소폰 솔로로 시작되는 이 곡은 드럼, 베이스, 일렉트릭 기타의 밴드 구성에 호른 섹션을 추가하여 재즈적인 색채감을 강하게 드러냈다. 일반적인 곡에서는 도입부 선율의 움직임이 크지 않은데, 이 곡은 시작부터 음의 간격이 옥타브로 벌어지면서 서글픈 화자의 감정이 강하게 표출된다.

블루지한 감성 때문인지 신촌블루스의 음악에는 전반적으로 외롭고 쓸쓸한 정서가 드리워 있었다. 정처 없이 떠돌아 다니는 '나그네'라는 상징적 소재를 사용한 〈나그네의 옛이야기〉, 홀로 산에 올라 아래를 내려다보며 느낀 외로운 감정을 노래한 〈산 위에 올라〉에서 이러한 면모가 잘 엿보인다. 〈나그네의 옛이야기〉에서는 후주 부분에 오르간과 일렉트릭 기타 솔로를 1분가량 길게 이어가면서 나그네의 쓸쓸함을 형상화했고, 〈산 위에 올라〉에서는 보컬과 일렉트릭 기타의 콜 앤드 리스폰스를 통해 블루스의 느낌을 강하게 드러냈다. 이처럼 신촌블루스는 블루스라는 서구 음악 양식에 한국식 정서를 잘 담아내어 대중음악계에 한국적 블루스의 전형을 제시한 팀으로 평가받고 있다.

신촌블루스의 일원으로 활동하며 블루스 음악을 선보였던 김현식은 이후 개인 음반 작업을 하면서 〈아무말도 하지 말아요〉, 〈비오는 어느 저녁〉, 〈한밤중에〉, 〈겨울 바다〉, 〈이별의 종착역〉 같은 블루스 계열 음악을 다수 발표했다. 1984년에 출시된 2집에 수록한 〈아무말도 하지 말아요〉는 블루지한 일렉트릭 기타 라인에 맞춘 드럼, 베이스, 오르간의 반주가 탄탄한 그루브를 보여주는 곡이다. 슬픈 눈빛을 보이는 상대방에게 자신이 옆에 있으니 걱정하지 말라며 다독이는 김현식의 매력적인 목소리는 대중의 마음을 사로잡기에 충분했다.

1986년 김현식이 그의 백밴드 봄여름가을겨울과 함께 작업한 3집 수록곡 〈비오는 어느 저녁〉은 전태관의 타이트한 드럼 리듬 위에 박성식의 오르간과 장기호의 베이스 연주, 김종진의 일렉트릭 기타 애드립이 교차하면서 블루스 리듬의 정수를 보여준다. 신촌블루스의 블루스 곡들에서 비는 쓸쓸한 정서를 자아내는 데 반해, 이 곡에서의 비는 흥겨운 옛 노래처럼 화자의

블루스 음악의 대부로 잘 알려진 비비 킹이 1971년 11월 독일 함부르크에서 자신의 기타 루씰을 들고 연주하고 있다. ⓒ Heinrich Klaffs

마음을 시원하게 적셔주는 대상으로 그려졌다. 이 곡은 1990년 신촌블루스 3집에서 정경화의 목소리로 리메이크되어 다른 느낌으로도 들어볼 수 있다.

신촌블루스의 원년 멤버였던 한영애 또한 이후 블루스에 뿌리를 둔 곡들을 다수 발표했다. 〈루씰〉은 그녀의 정체성을 오롯이 드러내는 곡일 것이다. 앞서 소개했듯이 '루씰'은 블루스의 거장 비비 킹이 자신의 기타를 부르던 애칭이다. 엄인호의 곡에 한영애가 가사를 쓴 이 노래에서는 루씰과 같이 음악적으로 다양한 표현을 하여 사람들에게 감동을 주고 싶다는 마음을 담아냈다. 엄인호의 블루지한 기타 솔로에 김효국의 해먼드오르간, 황수권의 키보드, 김희연의 드럼, 송홍섭의 베이스가 가세하여 빛나는 앙상블을 보여준 곡인데, 밀고 당기기, 브레이크, 오르간의 글리산도 효과 등을 통해 끈적끈적한 블루스의 질감을 다이내믹하게 표현했다.

〈루씰〉이 수록된 한영애 2집에는 블루스 화성 진행 위에 록의 리듬을 얹은 블루스 록 곡 〈코뿔소〉도 들어 있다. 블루스 스케일을 십분 활용하면서 코뿔소라는 동물이 가지는 힘 넘치는 강한 이미지를 일렉트릭 기타의 사운드와 한영애의 허스키하면서도 파워풀한 보컬로 표현한 곡이다. 한 편의 공연을 선보이듯 음악의 흐름을 쥐락펴락한 세션들의 연주와 한영애의 카리스마 넘치는 보컬은 대중에게 인상적으로 각인될 만한 것이었다.

퓨전재즈 계열의 음악

재즈를 가미하는 실험, 그 한국적 적용

과거의 언론 기사를 살펴볼 수 있는 네이버 뉴스 라이브러리에서 검색해보면, 1981년부터 한국 대중음악계에서 '퓨전 Fusion'

이라는 용어가 사용되었음을 확인할 수 있다. 이때 퓨전은 그로버 워싱턴 주니어, 조지 벤슨, 웨더 리포트, 스파이로 자이라 등 1970년대 미국에서 활동한 뮤지션들의 재즈 음악을 가리키는 개념으로 쓰였다.[4] 이후 국내에서는 재즈의 하위 장르로 재즈에 록, 훵크, 리듬 앤 블루스 등 다양한 타 장르를 혼합한 음악을 '퓨전재즈'라고 통칭하게 되는데,[5] 이러한 음악을 가장 먼저 국내에 선보인 것으로 거론되는 뮤지션이 바로 봄여름가을겨울이다. 가령 1989년 이들의 첫 콘서트를 소개한 기사에서는 "퓨전재즈에 가요를 접목시킨 독특한 음악성을 보이고 있다"라는 평을 발견할 수 있다.[6] 그 뒤로 퓨전재즈라는 용어는 〈어느새〉로 데뷔한 장필순, 한창 인기 가도를 달리던 김현식, 참신하다는 반응을 얻은 빛과 소금 등에게도 따라붙었다.[7] 동아기획 소속 뮤지션들의 음악과 함께 이 용어가 국내에 보편적으로 자리 잡게 된 것이다.

하지만 당사자들의 입장은 달랐다. 봄여름가을겨울의 김종진은 "평론가들이 우리를 퓨전재즈 밴드라고 부른 것은 그것에 목말라 있던 상황에서 (우리가) 여러 가지 성향이 혼재된 음악을 하고 있어서였던 것 같다"고 보았고,[8] 빛과 소금의 장기호 또한 "빛과 소금의 음악은 '퓨전재즈'가 아닌 '퓨전 가요'이며 스타일상으로는 '스무드 재즈 Smooth Jazz'에 가깝다"고 자평했다.[9] 이들이 구사한 음악은 1960년대 후반 이래로 미국을 중심으로 재즈의 하모니에 다양한 타 음악 장르를 결합해 만든 재즈 퓨전 Jazz Fusion에 속한다기보다는 대중가요에 재즈적 요소를 적용하고 즉흥 연주를 가미한 실험적인 음악이어서 이런 입장을 취했을 것이다. 재즈 퓨전의 장르적 특성과 분화의 맥락을 이해하고 있기에 나온 반응이기도 할 텐데, 그만큼 국내에서 퓨전재즈라는 용어는 남용된 측면이 있다.

물론 1980~90년대 한국에서 퓨전재즈로 통칭된 음악들을 정통 재즈에 비해 편안하면서 부드럽고 세련된 감성을 드러낸 스무드 재즈, 틴에이저의 록 음악과 차별화하며 대중성을 추구한 어덜트 오리엔티드 록 Adult-oriented rock, 재즈와 훵크 리듬이 록 음악에 결합된 재즈 훵크 록 등으로 바꿔 부르는 것도 가능하다. 그런데 이러한 명명이 음악의 장르적 특성을 좀 더 명확히 표현하는 데 적합할 순 있겠지만, 당대 한국 대중음악의 맥락을 전달하는 데는 한계가 있을 수 있다. 그리하여 이 책에서는 퓨전재즈라는 용어를 그대로 사용하는 쪽을 택했다.

이 글의 분석 대상으로는 80곡이 집계되었는데, 김현식의 백밴드에서 활동하다가 팀을 결성한 봄여름가을겨울과 빛과 소금, 그리고 김현철의 음악적 영향이 미쳤던 장필순, 박학기, 야샤, 동아기획의 신진 그룹 푸른하늘 등의 노래가 눈에 띈다. 특히 김현철과 푸른하늘의 유영석은 앨범을 직접 프로듀싱할 수 있었던 이들로, 그만큼 자신이 지향하는 음악을 선보이기 수월했을 것이다. 동아기획에서 발매한 퓨전재즈 계열의 음악은 1980년대 후반부터 1990년대 초반에 집중되었는데, 이는 동아기획이 새로 영입한 신진 뮤지션들의 음악적 성향과도 관련이 있을 것이다.

국내에서 퓨전재즈를 선보인 것으로 거론된 최초의 음반은 1988년에 발매된 봄여름가을겨울 1집이다. 이 앨범은 당시에는 국내에 익숙지 않았던 라틴, 훵크의 리듬을 록 음악에 접목하고 악기 솔로의 비중을 높임으로써 연주 테크닉을 통한 음악 표현에 집중하고 있었다. 〈항상 기뻐하는 사람들(봄)〉, 〈거리의 악사(여름)〉, 〈12월 31일(겨울)〉 같은 연주곡을 앨범 중간에 비중 있게 편성한 점 또한 국내 대중음악계에서 찾아보기 어려운 이례적인 행보였다. 봄여름가을겨울의 음악은 라디오에서 흘러나오는 영미 팝 음악을 들으며 음악적 갈증을 해소하던 젊은 층에게 신선하게 다가가면서 기존 대중가요의 빈구석을 채워주었다.

이 앨범에서는 팀 이름에 맞춰 사계절의 이름을 각각 부제로 달아둔 곡들이 눈에 띈다. 그 가운데 〈사람들은 모두 변하나봐(가을)〉만 보컬 곡이고, 나머지는 연주곡이다. 이 앨범의 첫 번째 트랙 〈항상 기뻐하는 사람들(봄)〉은 재즈 록 훵크 스타일에 라틴 리듬이 가미된 곡이다. 일렉트릭 기타의 훵키한 리프, 드럼의 그루브한 리듬이 잘 들어맞아 쾌감이 느껴지는데, 곡의 리듬은 반복되는 기타 리프가 주도해갔고 후렴부터 경쾌한 브라스 라인이 등장하여 '항상 기뻐하는 사람들'이라는 곡 제목의 느낌을 잘 전달해준다.

라틴 리듬이 주를 이루는 〈거리의 악사(여름)〉는 반복되는 베이스의 리프와 드럼의 비트, 일렉트릭 기타의 선율을 통해 여름의 상큼한 계절감을 보여주고, 일렉트릭 피아노와 스트링 라인이 가세하여 사운드를 채워 나간다. 1절에서 베이스가 연주하던 리프를 이후에는 일렉트릭 피아노와 일렉트릭 기타가 함께 연주하는데, 이는 라틴 음악의 기법을 적용한 사례일 것이다. 테마가 연주된 뒤에는 피아노, 신스 리드 synth lead, 일렉트릭 기타, 퍼커션이 돌아가며 즉흥 솔로 연주를 벌이는데, 이는 연주자들이 자신의 역량을 한껏 펼치는 장場이기도 했다.

봄여름가을겨울의 비트감 있고 테크닉적인 퓨전재즈의 실험은 이후로도 이어졌다. 2집에서도 첫 곡과 마지막 곡 등 총 3개의 연주곡을 수록했고, 〈나의 아름다운 노래가 당신의 마음을 깨끗하게 할 수 있다면〉, 〈어떤 이의 꿈〉, 〈봄 여름 가을 겨울〉 등의 퓨전재즈 곡이 포함되었다. 2장의 앨범이 대중적 성공을

봄여름가을겨울은 정규 앨범 7장과 라이브 앨범 1장을 동아기획의 손을 거쳐 발매했다. 국내에서 처음 퓨전재즈를 선보인 것으로 거론된 앨범인 1집, 〈어떤 이의 꿈〉 등이 히트한 2집, 뉴욕에서 앨범 작업을 한 3집과 4집.

거두고 난 뒤 봄여름가을겨울은 완성도 있는 음반을 제작하기 위해 미국으로 건너가 해외 세션 및 엔지니어와 작업하기 시작했다.

뉴욕 ACME 스튜디오에서 작업한 3집에는 〈10년 전의 일기를 꺼내어〉, 〈그대 사진에 입맞춤〉과 같은 히트 곡을 비롯하여 총 9곡의 퓨전재즈 계열 음악이 수록되었으며, 이중 7곡이 연주곡이었다. 앨범 수록곡의 절반을 연주곡으로 채운 것인데, 첫 곡이면서 연주곡인 〈멀리서 보내는 편지〉는 자동차가 지나가는 소리, 사이렌 소리, 사람들의 영어로 대화하는 소리, 발자국 소리와 같은 현지의 음향에 짤막한 훵크 리프를 더해 만들었다. 〈Don't Do That Burt!〉는 훵크 리듬에 턴테이블 스크래치 사운드와 추임새를 추가해 힙합의 감성을 더했고, 〈내게 만약…〉에서는 라틴의 몬투노Montuno 리듬에 퍼커션, 색소폰 연주를 더해 스무드 재즈의 사운드를 연출했다.

퓨전재즈의 기세는 빛과 소금으로도 이어졌다. 빛과 소금은 김현식의 백밴드에서 김종진, 전태관과 함께했던 장기호, 박성식이 한경훈을 영입하여 출범한 팀이다. 이들은 1990년에 1집, 1991년에 2집을 냈는데, 총 17곡의 앨범 수록곡 중 12곡이 퓨전재즈 계열의 음악이었다. 봄여름가을겨울이 기타리스트와 드러머의 조합이었다면, 빛과 소금은 베이시스트와 키보디스트들의 만남이었다. 다루는 악기가 다른 만큼, 빛과 소금의 음악은 봄여름가을겨울의 음악과는 또 다른 섬세함이 있었다. 봄여름가을겨울이 밴드 구성을 통해 리듬 섹션, 즉흥 연주 등 실연적인 측면이 강한 팀이었다면, 빛과 소금은 재즈적 선율과 화성, 신시사이저의 음색과 미디 시퀀싱을 효과적으로 활용하여 부드러운 스무드 재즈의 사운드를 연출했다. 즉 봄여름가을겨울이 인적 밴드 구성을 이룬 팀이라면, 빛과 소금은 신시사이저나 드럼 머신 같은 전자 악기를 적극적으로 도입한 팀이었다. 이러한 특징은 빛과 소금의 앨범 크레디트에서 각 멤버들의 역할로 '리듬 프로그래밍'과 '시퀀싱'을 명시해둔 것을 통해서도 확인할 수 있다. 음악인류학자 조일동은 국내에 드럼 머신이 도입되면서 한국인 연주자가 표현하기 어려웠던 펑크, 소울, 힙합 등의 아프리카계 미국 음악 스타일을 간편하게 표현할 수 있게 되었다고 언급한 바 있다.[10]

빛과 소금의 퓨전재즈 계열 음악으로는 1집에 수록된 〈아침〉, 〈슬픈 인형〉, 〈샴푸의 요정〉, 〈빛 1990〉, 2집에 수록된 〈귀한 건 쉽게 얻어지지 않아〉, 〈TV Talent〉, 〈모터 사이클〉 등을 들 수 있다. 봄여름가을겨울과 마찬가지로 1집에 3곡, 2집에 2곡의 연주곡이 실렸다. 박성식이 작곡한 〈아침〉은 라틴적 요소가 가미된 스무드 재즈 연주곡이고, 한경훈이 작곡한 〈슬픈 인형〉은 알앤비와 스무드 재즈가 융합된 곡이다. 장기호가 작사, 작곡한 〈샴푸의 요정〉은 시퀀싱된 드럼 비트 위에 베이스, 일렉트릭 기타, 일렉트릭 피아노, 신스 패드, 신드 리드의 음색이 조화를 이루는 곡으로, 동명의 드라마에 배경음악으로 쓰여 인기를 얻으면서 밴드의 대표곡이자 한국의 대표적인 시티 팝으로 자리하게 된다. 한편 〈빛 1990〉는 멤버들의 수려한 연주 기량이 돋보이는 연주곡이다. 16비트 훵크 리듬 위에 얹은 장기호의 베이스, 한경훈의 일렉트릭 기타, 박성식의 건반 연주는 개인의 역량을 보여주면서도 앙상블이 잘 어우러져서 인상적이다. 빛과 소금은 2집에서도 훵크와 라틴, 힙합을 융합하거나 록과 보사노바를 접목하는 등 장르의 한계에 갇히지 않는 음악을 이어 나갔다.

한편 동아기획의 퓨전재즈를 논할 때 김현철은 빼놓을 수 없는 뮤지션이다. 그는 솔로 앨범을 제작하기 전부터 박학기와 장필순의 앨범을 프로듀싱했고, 개인 음반을 만들면서도 이소라의 앨범 프로듀싱, 퓨전재즈 밴드 야샤의 건반 주자로 활동하며 도회적이고 세련된 감성의 음악을 세상에 내놓았다. 봄여름가을겨울로부터 시작된 퓨전재즈 계열의 음악이 김현철에 이르러서 대중화되었다고도 볼 수 있을 것이다. 그는 건반 악기를 주악기로 삼았다는 측면에서는 빛과 소금과, 싱커페이션이나 리들 섹션을 적극적으로 끌어들였다는 측면에서는 봄여름가을겨울과 닮아 있었다. 그러나 이들에 비해 재즈에서 주로 사용되던 선율과 화성을 적극적으로 도입했으며, 이를 통해 도시라는 공간에서 느낄 수 있는 다양한 일상적 감정들을 음악에 실어냈다. 즉 김현철의 음악은 한국형 시티팝의 완성에 가까웠다.

그는 1집의 첫 번째 타이틀 곡 〈오랜만에〉에서 밤이 드리워진 도시에서 시원한 바람이 스쳐 지나갈 때 느끼는 기분, 가로등 불빛이 전하는 감성 등을 담아냈다. 일렉트릭 기타의 반복적인 16비트 리프, 일렉트릭 피아노의 몽환적 음색, 화려한 색소폰 솔로 라인은 청량한 도시적 감수성을 잘 드러내고 있다. 같은 앨범에 수록된 〈동네〉에서는 어릴 적부터 살아온 동네에 대해 느끼는 추억 어린 감정을 담아냈다. 악기의 음들을 싱커페이션으로 처리함으로써 가사에 보다 집중하게 하는 편곡의 참신함도 눈에 띈다.

보컬 아카펠라 인트로로 시작되는 〈32℃ 여름〉은 퍼커션의 경쾌한 리듬과 피아노의 몬투노 리듬이 오버랩되면서 이색적인 분위기로 무더운 여름 날씨를 표현했다. 이 곡은 록과 라틴의 융합이 돋보이는데, 여기에 신스 리드의 솔로를 통해 즉흥적 요소를 더했다. 또한 여러 겹의 보컬 화음을 더한 코러스 라인과 멜로디의 교차도 인상적이다.

실험적인 창작 연주곡 앨범인 야샤 1집, 그리고 동아기획을 통해 데뷔한 신진 뮤지션 푸른하늘의 1집. 동아기획에서 퓨전재즈 계열의 음악을 여럿 발표한 그룹들의 앨범이다.

김현철, 조동익, 손진태, 함춘호로 구성된 프로젝트 밴드 야샤는 연주곡을 통해 뮤지션으로서의 정체성을 표출했던 팀이다. 4명의 뮤지션은 각각 2곡씩 총 8곡의 연주곡을 작곡한 뒤 함께 연주하여 첫 앨범을 만들었다. 훵크적 요소가 짙은 〈눈싸움하던 아이들〉, 보사노바와 록을 크로스오버한 〈영동선〉, 기타 2대로 펫 메스니의 음악 스타일을 오마주한 〈새벽〉, 어덜트 오리엔티드 록 계열의 〈여름날〉 등이 앨범에 수록된 곡들이다. 상업적 성공을 거두지 못한 채 1집 발매에 그쳤지만, 이 음반은 기존 틀에서 벗어나 다양한 장르의 융합을 통해 선보인 실험적인 창작 연주곡 앨범이라는 데 의의가 있을 것이다.

동아기획의 또 다른 신진 뮤지션 푸른하늘은 앞서 소개한 작업들에 비해 융합의 정도는 덜하지만 록, 알앤비, 훵크, 스윙, 힙합 등의 요소를 적절히 조합해 퓨전재즈 계열의 음악을 다수 발표했다. 일상적인 소재를 통해 젊은 층이 공감한 만한 사랑, 미래 등을 노래했다는 점에서 김현철과 유사한 경향을 보인 팀이기도 하다. 베이스와 일렉트릭 기타의 리듬감 넘치는 16비트 리프를 통해 훵키한 사운드를 구현해낸 〈그대〉, 알앤비적 요소와 훵크, 어덜트 오리엔티드 록을 결합한 〈이 밤이 지나도록〉, 스윙 리듬을 적극적으로 활용한 〈혼자 사는 세상〉, 훵크와 록, 힙합을 결합한 〈지금의 나〉 등이 푸른하늘이 선보인 퓨전재즈 계열 곡들이다.

발라드 계열의 음악

부드럽고 우아하면서도 서정적인 사랑의 노래

영미권 대중음악계에서 발라드는 슬로우 미디엄 템포의 낭만적이고 감상적인 사랑 노래를 지칭한다. 국내에서는 1960년대부터 조금씩 이 용어가 쓰였는데, 1980년대에 대중음악의 주요 양식 중 하나로 자리 잡으면서 좀 더 특별한 의미가 부여되었다. 대중음악 연구자 이영미는 한국적 발라드를 "포크가 지닌 서정성과 화성적 세련됨을 계승하되 포크보다 더 화려한 음악, 덜 지적이고 더 강렬한 페이소스를 노출하는 노래, 록이 보여준 강렬함은 유지하되 좀 더 섬세하고 서정적인 노래에 대한 요구"라고 정리한 바 있다.[11]

음악적으로 보면, 발라드는 피아노와 현악기의 주도로 풍성한 사운드를 구사하고, 타 장르에 비해 넓은 음폭으로 이루어진 선율과 이를 뒷받침하는 화성 진행으로 섬세하면서도 극적인 감정을 끌어낸다. 또한 클래식 음악과의 거리가 멀지 않아 고급스럽고 우아하다는 인상을 주며, 록이나 댄스 음악과 달리 세대별 음악 취향에서도 비교적 자유로운 편이다.[12] 이러한 발라드는 팝 장르를 기본으로 포크와 록 등 다양한 장르의 음악적 성과를 흡수하여 성립했으며, 스타일에 따라 팝 발라드, 재즈 발라드, 록 발라드 등으로 구분할 수 있다.

동아기획에서 발매한 음반 수록곡을 통틀어 가장 많은 수를 차지하는 장르는 단연 발라드였다. 분석 범위에 포함된 370곡 중 발라드 계열의 곡이 113곡이었고, 그중에서는 팝 발라드의 비중이 가장 컸다. 김현식, 장필순, 박학기, 오석준, 김현철, 푸른하늘, 봄여름가을겨울, 빛과 소금, 최성원, 주찬권, 시인과 촌장 등 동아기획의 많은 뮤지션들이 발라드 곡을 선보인 바 있다.

동아기획의 초창기에 발매한 김현식 2집에는 〈사랑했어요〉,

〈바람인 줄 알았는데〉, 〈회상〉 등의 발라드 곡이 여럿 포함되었다. 이 노래들은 슬로우 미디엄 템포의 발라드이자 1940~50년대 영미권 팝의 영향을 받은 성인 취향의 이지리스닝 Easy listening 곡이다. 이런 부류의 노래는 1960년대에 국내에 자리 잡았는데, 가사에서는 남녀 간의 통속적 관계를 다루었고 '뽕 발라드'라는 은어로 통용되기도 했다. 김현식 2집에서 가장 인기를 끈 곡은 단연 〈사랑했어요〉였다. 단조의 조성에 이별한 남성의 슬픔을 애절하게 담아낸 가사가 김현식의 보컬과 만나 대중에게 호소력 있게 다가간 것이다.

그런데 1980년대 중반을 넘어서면 발라드의 스타일이 조금씩 달라지기 시작한다. 주로 단조로 이루어졌던 조성이 장조로 바뀌고, 스타일도 팝 발라드 형식이 늘어난다. 가령 1984년에 출시된 김현식 2집과 1986년에 출시된 김현식 3집의 발라드 수록곡을 비교해보면 그 차이가 확연하게 드러난다. 두 앨범의 차이는 연주를 담당한 세션들의 세대교체에서도 그 원인을 찾을 수 있다. 2집의 세션을 김명곤, 배수연, 최이철 등 1950년대 초반생들이 맡았다면, 3집의 세션은 김종진, 전태관, 장기호, 박성식, 유재하 등 1960년대 초반생들이 담당했다. 10여 년이라는 연배 차이가 자연스럽게 음악 스타일에도 영향을 미친 것이다.

작곡가 김형석은 유재하의 발라드로부터 한국형 팝 발라드

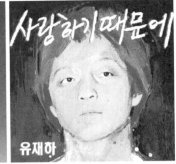

새로운 세대가 표방하는 팝 지향적 감성의 발라드를 선보인 김현식 3집, 그리고 김현식의 백밴드에서 잠시 활동했고 이후 자신의 솔로 앨범으로 한국형 팝 발라드의 전형을 만든 유재하의 1집.

가 시작되었다고 언급하면서, 1980년대 후반 장조 조성의 발라드 도입을 이러한 변화의 특징으로 꼽은 바 있다.[13] 영미 팝을 비롯하여 록, 재즈 등의 영향을 받았던 유재하는 김현식의 백밴드 봄여름가을겨울의 멤버들과 음악적 교류를 이어갔고, 이러한 자양분은 김현식과 백밴드 멤버들의 음악에도 반영되었다. 실제로 김현식 3집을 살펴보면 수록곡 중 7곡이 발라드인데, 이중 김현식이 작곡한 〈빗속의 연가〉를 제외하면 모두 장조로 이루어진 팝 발라드 및 재즈 발라드였다. 이러한 음악은 기성세대가 즐겨 듣던 '뽕끼' 있는 이지리스닝 스타일이 아닌, 새로운 세대가 표방하는 팝 지향적 감성과 맞닿아 있었다.

　백밴드를 뒤로한 채 다시 홀로 4집 앨범을 제작하면서 김현식은 감정을 쏟아내는 소울풀한 발라드 곡을 다수 발표했다. 이러한 변화는 신촌블루스에서의 활동 경험과 함께 그의 건강 문제에서 비롯된 것이었다. 5집에 수록된 〈넋두리〉에서 더더욱 뚜렷이 드러나듯이, 김현식의 목소리는 날이 갈수록 거칠어졌고 심경의 변화로 인해 음악의 주제 또한 무거워졌다. 포효하듯 울부짖으며 인생의 허탈함을 노래하는 보컬 사운드와 일렉트릭 기타의 연주는 음악을 절정으로 치닫게 했다. 김현식의 사후에 발매된 6집 수록곡 〈내 사랑 내 곁에〉에서 그는 음정과 박자보다는 보컬의 감정 표현에 치중했는데, 곡이 진행될수록 갈라지는 목소리는 지극한 애처로움을 자아냈다.

한편 김현식의 백밴드로 활동하다가 독립한 봄여름가을겨울은 재즈적 요소를 가미한 팝 발라드 계열의 음악을 여럿 발표했다. 이들이 다채로운 재즈 화성과 영미 팝에서 자주 사용되던 음악적 어법을 사용할 수 있었던 것은 국내 재즈 이론의 권위자 이판근에게 사사했기 때문이기도 했다. 〈방황〉에서는 페달 포인트 기법을 활용한 분수 코드, 논 다이아토닉 코드, 텐션 음 등을 통해 재즈적 색채감을 드러내면서, 라인 클리셰 기법을 사용하여 이별한 뒤 방황하는 화자의 마음을 표현했다. 일찍 세상을 뜬 유재하를 그리워하며 만든 〈보고 싶은 친구〉에서는 평소 유재하가 발라드 곡에서 자주 사용하던 재즈 화성인 투파이브

원2-5-1 코드 진행에 재즈 피아노의 즉흥 연주를 담아 친구 유재하를 추념했다.

〈그대 떠난 뒤〉, 〈내 곁에서 떠나가지 말아요〉, 〈Beautiful〉 등의 팝 발라드 곡을 발표한 빛과 소금의 음악은 피아노가 곡의 흐름을 주도하면서 드럼, 베이스, 일렉트릭 기타, 스트링 등의 연주가 더해지는, 발라드 장르의 기본 구성에 충실한 곡들이었다. 〈그대 떠난 뒤〉는 장조이지만 마이너 키에서 나오는 코드를 군데군데 넣고, 텐션 음과 세컨더리 도미넌트 코드를 적극적으로 사용해 일반 조성에서 느끼기 어려운 사운드의 확장을 가져왔다. 또한 신스 리드, 일렉트릭 기타의 솔로와 애드립을 통해 팝적인 사운드를 구현하여 이별의 감성을 형상화했다. 이소라, 김범수, 정동하 등이 리메이크하기도 했던 빛과 소금의 대표곡 〈내 곁에서 떠나가지 말아요〉는 팝 발라드의 형식미를 갖춘 노래다. 도입부와 후렴의 외성外聲에서 반음씩 올라가는 화성 진행을 통해 애절한 감정을 극대화한 곡이기도 하다.

김현철은 다양한 재즈 화성을 사용하면서 이에 어울리는 멜로디 라인을 구현하는 발라드를 만들어갔다. 봄여름가을겨울, 빛과 소금 등과 마찬가지로 간주 부분에 악기의 즉흥 연주를 넣어 노래뿐만 아니라 연주를 통해 자신의 음악적 컬러를 보여준 점도 김현철 음악의 특징 중 하나다. 길에서 우연히 만난 여성을 짝사랑하게 된 내용을 그린 〈까만 치마를 입고〉에서는 재즈 화성을 바탕으로 하되 중간에 치고 들어오는 색소폰 연주를 통해 독특한 빛깔을 만들어냈다. 헤어진 연인을 그리워하는 상황을 다룬 〈연습실에서〉는 재즈에서 자주 사용되는 드럼의 브러시와 콘트라베이스 연주, 피아노와 색소폰의 애드립 라인으로 재즈적 감성을 한층 더했다.

한편 동아기획에서 가장 많은 발라드 곡을 발표한 뮤지션은 푸른하늘의 유영석이었다. 그는 푸른하늘이라는 팀으로 활동하면서 본인의 솔로 앨범도 별도로 제작했는데, 이 글의 분석 대상 중 그가 발표한 팝 발라드는 32곡에 달한다. 유영석의 발라드에서는 세 가지 특징이 눈에 띄는데, 〈겨울 바다〉, 〈어두운 하늘 아래서〉와 같이 바람 소리, 파도 소리 등의 효과음을 적극 활용한 점, 〈눈물 나는 날에는〉, 〈슬픈 안녕〉과 같이 플루트, 클라리넷, 색소폰 등의 목관악기 솔로 연주를 넣은 점, 〈다시 만날 때까지〉, 〈이젠 느낄 수 있어〉와 같이 인트로 부분에 아카펠라를 활용한 점을 꼽을 수 있다. 유영석은 1980년대 후반부터 1990년대에 이르기까지 꾸준히 동화적이면서도 아련한 감성을 멜로디와 화성에 담아낸 음악을 발표하면서 국내 팝 발라드의 한 축을 만들어갔다.

보사노바 및 레게 계열의 음악

영미권을 경유해 파고든 제3세계의 사운드

보사노바는 포르투갈어로 '새로운 트렌드'라는 뜻인데, 대중음악에서는 브라질 전통 리듬인 삼바와 쿨 재즈의 결합으로 탄생한 장르를 가리킨다. 이 장르는 주앙 질베르토, 안토니오 카를로스 조빔 등의 음악이 브라질을 넘어 미국에서 크게 유행하면서 전 세계에 전파되었다. 보사노바의 리듬은 다른 라틴 계열 음악과 마찬가지로 두 마디 패턴으로 이루어졌는데, 미디엄 템포에 정박과 당김음이 교차하며 연주되어서 듣는 이에게 편안함과 긴장감을 동시에 선사한다. 클래식 기타의 나일론 줄을 튕기며 연주되는 보사노바의 사운드는 나긋나긋하면서도 감미로우며, 사랑, 추억의 회상, 그리움, 자연에 대한 찬미를 다룬 가사가 주를 이루었다.[14]

한국의 언론 기사를 살펴보면, 미국에서 보사노바가 인기를 끌던 시기인 1962년에 "브라질의 삼바 비슷한 보사노바라는 새로운 리듬이 미국에서 대환영을 받고 있다"라며 해외의 최신 음악 동향으로 보사노바를 소개한 것을 확인할 수 있다.[15] 이와 같은 단평에서 짐작할 수 있듯이, 한국에서 보사노바는 제3세계 음악이 직접 유입된 것이라기보다는 1960~70년대 영미 팝,

1960년대에 미국에서 보사노바의 유행을 주도한 뮤지션들의 앨범, 《재즈 삼바》와 《게츠/질베르토》. 이들 앨범은 국내에서도 재즈 애호가들의 많은 사랑을 받았다.

재즈 음반이 보급되면서 함께 전해진 것이었다. 이후 1991년에 보도된 한 기사에서는 스탄 게츠의 《재즈 삼바》(1962), 안토니오 카를로스 조빔과 주앙 질베르토의 《게츠/질베르토》(1964) 앨범이 국내 재즈 애호가들의 사랑을 받았다고 전하고 있다.[16] 1960년대 미국의 재즈 씬에서 큰 파장을 일으킨 보사노바 장르가 국내에서도 좋은 평가를 받으며 수용된 것이다.

　한국 대중음악계에는 1980년대 중·후반부터 보사노바가 흡수되기 시작하는데, 국내에 정착한 보사노바는 가요에서 자주 사용하던 어쿠스틱 기타로 특징적인 리듬을 연주했다는 점에서 정통 보사노바와 차이가 있었고 보사노바의 리듬을 차용하여 특유의 음악적 분위기를 이끌어가는 측면이 강했다. 동아기획에서 보사노바 음악을 활용한 뮤지션으로는 최성원, 김현철, 박학기, 장필순, 오석준, 푸른하늘 등이 있다.

제주도를 떠올릴 때면 생각나는 노래 〈제주도의 푸른 밤〉은 1988년 발매된 최성원의 솔로 1집에 수록된 곡이다. 파도 소리로 시작되는 이 곡은 두 박자씩 이어지는 투 필2-feel의 베이스 리듬과 퍼커션을 배경으로 노래가 이어지다가 간주 부분부터 보사노바 리듬이 적용된다. 일렉트릭 피아노의 몽환적 음색, 일렉트릭 기타의 솔로 라인, 베이스 기타의 리듬감이 어우러지는 앙상블은 몽글몽글한 제주도의 감성을 잘 드러내주었다. 같은 앨범에 수록된 〈오늘은〉은 단조 조성의 곡으로 보사노바 리듬으로 음악이 시작된다. 특이한 점은 인트로부터 1절이 끝날 때까지 보사노바 리듬이 이어지다가 코러스 부분에서 잠시 소프트 록으로 자연스럽게 장르가 바뀐다는 것이다. 보사노바에 자주 쓰이는 플루트를 등장시킨 점도 인상적인데, 정성조의 플루트 애드립과 솔로 라인은 곡의 완성도를 높이는 데 일조했다.

이후 발표된 박학기의 〈향기로운 추억〉, 장필순의 〈어느새〉, 김현철의 〈춘천 가는 기차〉는 동아기획의 대표적인 보사노바 곡들이다. 〈향기로운 추억〉은 정통 보사노바가 주로 다룬 추억의 회상과 그리움의 정서를 담은 곡인데, 처음에는 발라드로 화자의 감정을 애절하게 표현한 다음 퍼커션의 리듬과 함께 곡의 장르가 보사노바로 바뀐다. 또한 보사노바 특유의, 단조 조성에서 펼쳐지는 5도권의 순환 코드 진행이 곡의 애절함을 더해주었다.

장필순의 첫 솔로 앨범에 수록된 타이틀 곡 〈어느새〉에서는 몽환적이면서 도회적인 분위기가 물씬 풍긴다. 김현철이 작사, 작곡, 편곡한 곡으로 기존의 국내 가요와는 조금 다른 느낌을 주는데, 이는 드럼과 베이스 리듬 위에 일렉트릭 기타의 리듬을 잘게 나누어 얹고 보컬에 음향적인 효과를 더한 결과였다. 장필순은 자신도 모르게 흘러가버린 시간으로 인해 그리움마저 잊게 된 상실의 마음을 노래에 담아내며 동아기획의 여성 뮤지션으로 뚜렷이 자리매김했다.

김현철의 〈춘천 가는 기차〉는 지친 일상을 보내다가 별다른 계획 없이 올라탄 춘천행 기차에서 떠오른 지난 추억을 노래한다. 기차에 올라 과거로의 추억 여행을 하게 된 것이다. 기차가 내뿜는 화통 소리 효과음으로 시작되는 이 노래는 퍼커션, 베이스, 일렉트릭 피아노, 스트링의 연주, 그리고 목관 악기의 애드립 라인을 통해 보사노바의 전통적인 감성을 담았다. 장조와 단조를 넘나드는 코드 진행, 후렴에서 이뤄지는 일시적 전조가 눈에 띄는데, 이는 과거와 현재를 넘나들며 생각에 잠긴 화자의 상황과 잘 들어맞는 것이었다.

봄여름가을겨울 또한 정통 보사노바 리듬에 가까운 〈또 하나의 내가 있다면〉, 〈전화〉, 〈못다한 내 마음을…〉을 선보인 바 있다. 〈또 하나의 내가 있다면〉에서는 단조로 된 5도권 화성 진행을 바탕으로 중간에 보사노바의 특징적인 리듬 섹션을 삽입해 화성과 리듬 모두에서 보사노바의 특징을 살려냈다. 노래 이후에 펼쳐지는 일렉트릭 기타와 일렉트릭 피아노의 즉흥 연주는 보사노바가 품고 있는 재즈적 감성까지 잘 표현해내고 있다.

한편 제3세계 음악 가운데 국내에 상륙한 또 다른 장르로 레게가 있었다. 레게는 북아메리카 카리브해의 작은 섬나라인 자메이카의 음악인데, 시간의 흐름에 따라 여러 양상으로 변화하며 장르화된 것이었다. 1950년대 후반에 자메이카의 전통적인 민속음악인 멘토Mento가 미국의 재즈 및 리듬 앤 블루스와 결합하면서 스카Ska가 탄생했고, 1960년대 중반에 이르면 스카가 부루burru라는 무겁고도 느린 드럼 스타일과 만나면서 록스테디Rocksteady라는 장르가 만들어진다. 레게는 스카의 음악적 구성, 록스테디의 묵직한 리듬의 영향을 받은 장르를 지칭하는데, 스카와 록스테디를 모두 포함하는 용어로도 쓰인다.

레게는 1960년대 영미 대중음악 시장에 소개된 뒤 1970년대에 히트한 이국적인 음악 장르였다. 그 기폭제가 된 것은 자메이카 영화 「어려우면 어려울수록」(1972)이 흥행에 성공하면서

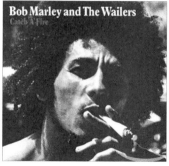

1970년대에 레게 음악의 선풍적인 인기를 몰고 온 기폭제가 된 두 앨범. 영화「어려우면 어려울수록」의 OST 음반과 밥 말리 앤드 더 웨일러스의《Catch a Fire》앨범.

인기를 끌게 된 지미 클리프의 음악, 이와 함께 미국 시장에서 《Catch a Fire》(1973) 앨범을 발표한 뒤 뜨거운 반응을 얻게 된 밥 말리의 음악이었다. 이후 레게는 보사노바와 마찬가지로 영미권 팝 시장을 발판 삼아 전 세계로 뻗어 나가게 된다.

레게는 다른 장르에 비해 코드 진행이 비교적 단순하고, 음정과 박자에서 벗어나는 자유로운 표현이 가능하다는 점에서 블루스와 유사한 지점이 있다. 국내에서는 1980년대에 차용되기 시작했는데, 그 중심에는 엄인호가 있었다. 김현식의 보컬로 잘 알려진 〈골목길〉은 엄인호가 레게 스타일을 적용해 작사, 작곡한 곡인데, 원래 이 곡은 1981년 가수 윤미선의 솔로 앨범에 수록되었다. 다음 해에 엄인호는 레게 본연의 느낌을 살려 직접 부른 노래를 당시에 그가 속해 있던 팀인 장끼들의 앨범에 수록했고, 이후 신촌블루스가 동아기획에 합류한 뒤 1989년에 발표한 2집에서 김현식의 보컬로 리바이벌되었다.

연인의 집으로 향하는 골목길을 그저 바라만 보다가 발걸음을 돌리는 상황을 노래한 〈골목길〉은 마이너 블루스 장르에 업비트를 특징으로 하는 레게 리듬을 적용하여 화자의 아쉬운 마음을 표현했다. 신촌블루스 버전에서는 김현식의 허스키한 탁성과 날카롭게 튕겨나는 기타의 엇박자 리듬이 인상적이다. 김현식은 레게 음악에서 흔히 들을 수 있는 웃음소리와 자연스러운 추임새를 곡에 넣었고, 멜로디와 리듬을 자유자재로 다루면서 소리를 내지르거나 쥐어짜는 듯한 보컬을 더해 곡의 긴장감을 조절해 나갔다. 툭툭 내던지듯 노래하는 김현식의 보컬은 언뜻 들으면 대충 노래 부르는 것 같지만 레게 음악의 자유로움을 표현하는 것이기도 했다.

김현식의 사후 발매된 6집 수록곡 〈나의 하루는〉은 그가 선보인 또 하나의 레게 음악이다. 이 곡은 봄여름가을겨울의 김종진이 작사, 작곡했으며, 후렴에서 메인 보컬에 화음을 얹는 보컬 코러스도 김종진이 맡았다. 김현식의 애드립과 퍼커션의 레게 리듬으로 시작된 뒤 드럼, 베이스, 퍼커션, 혼 섹션, 보컬 코러스의 구성으로 경쾌하게 노래가 흘러가지만, 가사에서 보이는 '나

엄인호가 레게 스타일로 부른 〈골목길〉이 수록된 장끼들의 앨범, 그리고 흥겨운 레게 리듬으로 삶에 대한 긍정을 보여준 〈웃어요〉가 수록된 오석준의 1집 앨범.

의 하루'는 그리 즐겁지 않다. 시간이 빨리 흘러 오늘 하루가 저무는 것을 아쉬워하는 화자의 심사는 건강이 악화된 김현식의 실제 상황과 오버랩되면서 애처롭게 다가온다.

신촌블루스의 〈골목길〉과 김현식의 〈나의 하루는〉이 삶에 대한 후회와 아쉬움의 정서를 담았다면, 오석준의 〈웃어요〉는 삶을 긍정적으로 바라본다는 데서 차이가 있었다. 인생이란 원래 혼자 왔다가 혼자 가는 것이니 더 이상 외로워하지 말라는 노랫말을 통해 위로와 격려를 건넨 것이다. 후렴에서 흥겹게 메인 보컬의 멜로디를 따라 부르는 코러스들은 더더욱 희망의 기운을 불어넣었다. 오석준은 드럼 비트, 베이스, 퍼커션 등에 전자 악기 소리를 도입해 레게 리듬을 표현했는데, 이때 드럼 비트는 레게 장르의 질감을 잘 드러내주었다. 또한 일렉트릭 기타와 오르간 연주를 더해 레게의 사운드를 구현했는데, 오르간의 애드립 라인과 솔로 파트, 메인 보컬의 애드립 등이 어우러지면서 레게 음악의 자유로움이 한껏 표현되었다.

음악극을 비롯한 그 외 장르의 음악

작지만 의미 있는 시도, 새로운 스타일의 개척

많은 곡은 아니었지만 음악극적 요소를 노래에 담아낸 동아기획 뮤지션들의 시도는 독특해서 눈에 띈다. 음악 속에 한 편의 연극과 같은 이야기를 담아내는 작업은 뮤지션들이 자신의 주제 의식을 표출하는 데 상당히 효과적이었다.

시인과 촌장 2집에 수록된 〈얼음 무지개〉가 그러한 곡인데, 이 곡에서는 한 소년이 등장해 3인칭 관찰자 시점으로 노래한다. 통상적인 대중음악이 1인칭 시점으로 화자의 마음과 생각을 드러내는 것과는 다른 지점이었다. 첫 장면은 한 착한 소년이 좋아하는 무지개를 만져보려다가 넘어져 절름발이가 된 뒤 절망에 빠진 상황이다. 이때 작은 새 한 마리가 날아와 소년의 곁에서 위로해주고, 소년은 작은 새와 함께 무지개를 찾아 나선다. 그런데 이를 지켜보던 바람이 샘이 나서 얼음 무지개를 내려 보내고, 소년과 새는 꽁꽁 언 채 그만 잠이 들고 만다. 이때까지는 어쿠스틱 기타의 아르페지오로 반주가 이어지는데, 이후 바람 소리 효과음과 함께 곡의 장르가 전환된다. 간주 파트는 느린 템포였다가 점점 빨라지고, 일렉트릭 기타의 거친 속주 솔로가 그 위에 펼쳐진다. 1분이 넘도록 빠르게 휘몰아치던 비트는 천둥소리를 형상화한 일렉트릭 기타의 디스토션 사운드로 마무리된다.

음악 속 시간은 혹독한 시련을 지나 보내고 어느덧 따스한 봄을 맞는다. 날이 따뜻해지자 얼음이 녹으면서 소년과 새는 아지랑이와 함께 하늘 높이 올라가 결국 예쁜 무지개가 되면서 음악이 마무리된다. 봄이 찾아온 후 들리는 고음부의 벨 소리는 긍정적인 결말을 암시하고, "참말 예쁜 무지개가 되었답니다"라는 마지막 가사는 동화 속의 종결 문장을 떠오르게 한다. 마지막 가사의 선율을 그대로 받아 엔딩을 장식하는 클라리넷 연주는 마지막 가사를 되뇌게 하며 깊은 여운을 남겨주었다.

하덕규는 그간 착하고 작고 여린 이미지와 어둡고 크고 강한 이미지의 대조를 통해 자신의 가치관을 드러내왔는데, 〈얼음 무지개〉 역시 그러한 경우였다. 전자의 이미지에 해당하는 소년과 새가 후자의 이미지에 해당하는 바람 때문에 시련을 겪지만,

결국 무지개가 되는 꿈을 이루는 것이다. 대조되는 세계를 그려내는 작업은 '극'이라는 형식과 잘 맞아떨어졌고, 그러했기에 하덕규는 음악극이라는 새로운 형식을 시도했을 것이다.

한영애 2집에 수록된 〈여인 #3〉에서는 제목에 샤프 표시가 들어 있는데, 이는 극에서 장면을 구분할 때 사용하는 기호로서 이 곡의 음악극적 특징을 드러내는 요소이기도 하다. 한영애는 대학에서 연극을 전공한 뒤 배우로 활동하기도 했는데, 그런 경험 덕분에 이러한 노래를 소화하기 수월했을 것이다. 〈여인 #3〉에는 가시밭 넝쿨을 헤치고 자신을 구해줄 왕자님을 기다리는 고독한 여인이 화자로 등장한다. 한영애는 이를 상당히 애처롭게 표현하는데, 그러한 가운데서도 꿈을 버리지 않으려는 마음이 마림바와 종소리를 통해 드러난다. 잔잔한 패드 음색 위에 쌓이는 한영애의 목소리는 듣는 이들이 가사에 몰입하게 하면서 독백을 내뱉는 여배우의 모습을 상상하게 했다.

푸른하늘도 음악극의 요소를 활용한 노래를 선보였는데, 한영애의 〈여인 #3〉이 정통 연극의 분위기를 자아냈다면 푸른하늘의 〈자아도취〉는 뮤지컬의 형식을 차용한 곡이었다. 〈자아도취〉는 관객의 박수 소리와 함께 무대 위 해설자로 보이는 남성의 영어 멘트로 음악이 시작된다. 통통 튀는 피치카토 주법의 스트링과 피아노 반주는 경쾌한 시작을 알린다. 한 여성을 동시에 좋아하는 두 남성이 사랑을 쟁취하려는 상황을 담은 이 곡은 총 3명의 인물이 등장해 노래를 끌어간다. 인트로의 리듬이 1절 내내 이어지면서 등장인물의 말에 집중하는 분위기를 연출했고, 서로의 의견이 대립할 때는 피아노 연주를 잠시 멈추어 그러한 상황을 강조했다. 대화를 받쳐주는 보컬 코러스의 화음과 반주에서는 뮤지컬적 요소가 한껏 드러났다. 두 남성의 사랑을 받는 여성이 등장해 그 누구의 연인도 될 생각이 없음을 밝힌 이후의 간주 파트에서는 휘파람, 타악기, 관악기, 현악기 등 여러 소리가 교차하면서 우스꽝스러운 분위기를 자아낸다. 〈자아도취〉는 짝사랑의 에피소드를 뮤지컬 방식으로 풀어냄으로써 대중음악이라는 틀을 확장해본 시도였는데, 이러한 실험은 유영석이 푸른하늘 활동 이후 결성한 그룹 화이트에서도 이어졌다.

이제까지 동아기획 뮤지션들이 어느 정도 비중 있게 작업한 장르의 음악들을 살펴보았는데, 마지막으로는 이러한 장르로 범주화하기 어렵지만 짚고 넘어가야 할 몇몇 곡들을 소개한다.

1979년부터 정부 산하의 공연윤리위원회는 새로운 대중가요 음반을 발매할 때마다 건전 가요를 한 곡씩 수록해야 하는 '음반 삽입 의무제'를 시행했다. 이때 대부분 기존에 발표된 건전 가요를 그대로 앨범 맨 마지막 곡으로 넣곤 했는데, 들국화

동아기획에서 발매한, 클래식의 결을 선보임으로써 대중음악의 확장을 보여준 곡들을 수록한 두 앨범, 최성원 1집과 《유영석 소품집》.

는 이 제도가 시행된 시기에 첫 앨범을 발표하면서 건전 가요인 〈우리의 소원〉을 자신들의 스타일로 편곡해 직접 불렀다. 전인 권에 따르면 이는 들국화가 처음 시도한 것이었다.[17] 〈우리의 소원〉은 무반주 아카펠라로 시작된 뒤 멤버들의 제창으로 이어지다가 후렴부터 화음이 들어갔는데, 멤버들의 목소리가 한데 어우러지는 후렴에서는 웅장한 울림을 선사했다.

한편 들국화의 멤버였던 최성원과 푸른하늘 출신의 유영석은 클래식의 감성을 한껏 드러낸 곡을 발표하여 대중음악의 범주를 넓히기도 했다. 최성원 1집에 수록된 〈열여섯 열일곱〉은 피아노 3중주로 이루어진 왈츠곡인데, 노래의 템포를 점점 느리게 하거나 특정 음을 늘임표 처리하는 방식으로 추억에 대한 회상을 담았다. 나이 든 현재의 화자가 열일곱 살 소년이었던 자신, 그리고 열여섯 살 소녀였던 자신의 배우자를 떠올리는 장면은 왈츠의 리듬감과 잘 어우러지면서 그때 그 시절의 풋풋한 감성이 소환되는 듯했다.

유영석은 1992년 《유영석 소품집》을 발표하여 푸른하늘에서 담아내지 못한 음악적 컬러를 보여주고자 했다. 이 앨범에 수록된 〈스스로의 외로움을 위하여〉는 플루트가 솔로로 멜로디를 이끌어가고 피아노가 4성부로 반주를 이어가면서 외로움을 달래는 하모니를 만들어냈고, 〈좋은 영화를 보고 난 뒤의 느낌〉은 모차르트의 피아노 연주곡을 연상케 하는 화려한 피아노 선율이 인상적이었다. 〈비오는 월요일 오후 7시〉는 유영석의 솔로 1집에 수록했던 연주곡을 이 앨범에 재수록한 것인데, 플루트와 피아노, 하프시코드의 합주곡으로 바흐를 떠올리게 하는 곡이었다. 이처럼 유영석은 소품집을 통해 클래식의 감성을 담은 곡들을 선보임으로써 자신의 음악적 범주를 넓혀갔다.

마지막으로는 김현식의 하모니카 연주에 대해 언급하고 싶다. 김현식에게는 '가객'이라는 별칭이 따라붙곤 했다. 다양한 장르를 자신의 창법으로 소화하며 한 시대를 풍미한 가수이기에 붙은 별칭일 것이다. 하지만 그의 음악적 역량은 가창 영역에 국한되지 않았다. 김현식은 4집에 직접 작곡한 연주곡 〈한국사람〉을 수록했고, 6집에서는 자신이 이전에 불렀던 〈우리 이제〉와 〈내 사랑 내 곁에〉를 하모니카 연주로 다시 선보였다. 6집에 수록된 연주곡들은 보컬의 역량을 제대로 발휘하기 어려울 정도로 그의 건강이 좋지 않았을 때 가창을 대신하는 시도이기도 했다. 김현식의 감성이 호흡을 통해 다이내믹을 조절할 수 있는 하모니카의 구슬픈 울림을 통해 다시 펼쳐진 것이었다.

6장

동아기획이
대중음악계에 남긴 유산

동아기획은 1982년 설립된 뒤 한국 대중음악계에 뚜렷한 족적을 남긴 음반·기획사이면서 동시에 주체적인 창작 태도를 가진 뮤지션들의 실천이었다. 이들 뮤지션은 '가수'라는 한정된 역할에서 벗어나 작사, 작곡, 편곡 등 음악을 둘러싼 다양한 창작 행위를 통해 자신의 세계관을 드러냈고, 다채로운 장르를 원용해 완성도 높은 음악을 만들어갔다. 이들의 음악 세계를 지지한 김영 대표는 새로운 경영 전략을 펼치며 레이블을 운영했고, 유례없는 경제성장과 문화적 환경 변화 속에서 등장한 수용자들은 동아기획의 음악에 뜨거운 호응을 보내주었다. 동아기획이라는 자장 안에서 새로운 대중음악이 탄생했고, 이는 한 시대의 뚜렷한 문화적 실천으로 이어진 것이다.

　　1980년대 중반부터 10여 년간 이어진 동아기획의 전성기는 한국 대중음악사라는 긴 잣대로 견주어보면 짧은 기간이다. 그럼에도 동아기획의 이름이 지금까지 대중들의 마음속에 살아 숨 쉬는 이유는 무엇일까. 또한 동아기획이 거둔 성과는 한국 대중음악사에서 어떤 의미가 있는 걸까.

대중음악은 그 특성상 대중에게 얻는 인기가 평가의 중요한 척도 중 하나가 된다. 하지만 이를 절대적인 기준으로 두다 보면 놓치는 지점이 생길 수밖에 없다. 예를 들면, 음악을 만든 창작자의 의도는 인기만을 기준 삼을 때 별반 중요하지 않을 것이다. 직접 가사를 쓰고 선율을 짓고 연주를 하면서 자신의 음악을 적극적으로 이끌어간 활동도 가려질 수 있다. 이 책에서 동아기획의 주요 인기곡이 아닌, 발매된 음반 수록곡 전체를 분석하여 결과를 도출한 것은 이러한 우려를 넘어서서 동아기획 음악의 전반적인 면모를 살펴보기 위해서였다. 또한 동아기획 뮤지션들은 대부분 음악 창작을 비롯해 연주까지 겸비하며 활동했기에, 이들이 어떤 음악을 어떠한 방식으로 표현하고 전달하려 했는지에 주목했다.

가령 장필순, 한영애, 박주연, 이소라 등은 동아기획의 대표적인 여성 보컬로 잘 알려져 있지만 작사에 참여해 작가 의식을 드러낸 이들이기도 하다. 이들은 노랫말에 추억의 회상, 위로와 격려, 그리고 희망의 메시지를 한껏 담아냈다. 또 다른 예로, 동아기획에서 가수로 활동한 하광훈과 오석준은 작곡을 통해 음악적 표현을 더한 경우다. 이들이 특정 작사가와 콤비로 상당수의 곡을 완성한 점도 흥미로운데, 하광훈은 박주연과, 오석준은 김성휘와 짝을 이뤄 작곡과 작사 작업을 했다.

물론 동아기획 뮤지션들이 가장 많이 해당하는 유형은 자신이 작사, 작곡한 곡을 직접 부르는 싱어송라이터였다. 조동진, 들국화, 시인과 촌장, 김현식, 신촌블루스, 봄여름가을겨울, 빛과 소금, 김현철, 박학기, 푸른하늘 등 동아기획의 대표적인 뮤지션들이 이러한 유형이었다. 이들은 음악 자체에 그만큼 많이 개입했고, 대부분 연주에도 가담했다. 상당수가 악기 세션으로 음악 경력을 시작했기 때문에 창작한 음악을 다각도로 표현해보는 실험에 적극적이었다. 시인과 촌장, 신촌블루스, 봄여름가을겨울, 빛과 소금, 야샤, 코나 등의 음반에서 연주곡이 비중 있게 다뤄지고 다채로운 즉흥 연주를 선보인 것은 이러한 풍토에서 가능한 것이었다. 이에 더해 조동익, 김현철, 송홍섭, 장기호, 박성식 등은 다른 뮤지션의 앨범을 프로듀싱하며 동아기획의 사운드를 연출하기도 했다.

음반을 제작할 때 당대의 다른 음반·기획사들이 가수의 노래 자체에 초점을 맞췄다면, 동아기획은 뮤지션의 음악적 실천을 중시했다. 단적인 예로, 동아기획의 음악들은 규격화된 곡의 길이에 구애받지 않았다. 이는 1980년대의 주요 히트 곡과 동아기획에서 발매한 곡의 길이를 비교해보면 확인할 수 있다. 조용필의 〈눈물의 파티〉(1984)가 3분 48초, 이선희 〈J에게〉(1984)가 3분 39초, 김수철의 〈내일〉(1983)이 3분 42초인 반면, 들국화의 〈오후만 있던 일요일〉(1985)은 6분 4초, 시인과 촌장의 〈비둘기 안녕〉(1986)이 6분 13초, 봄여름가을겨울의 〈못다한 내 마음을…〉(1989)은 6분 17초이다.

동아기획에서 발매한 곡의 길이가 길었던 이유는 가창 부분을 여러 번 반복함으로써 곡의 주제를 강조했고, 전주, 간주, 후주에 연주 파트의 분량을 충분히 배치하거나 즉흥 연주 또는 리듬 섹션을 더하는 시도를 했기 때문이었다. 방송 규격에 맞게 곡의 길이를 설정한 당대의 관례에서 벗어나 자유롭고 다양한 음악적 표현을 해나갔음을 확인할 수 있는 대목이다.

또한 동아기획 뮤지션들은 포크, 블루스, 록, 재즈, 보사노바, 레게 등 기존의 한국 대중음악에서 듣기 어려웠던 장르를 자신의 음악에 끌어들였다. 해외의 음악 장르를 수용하고 융합하고 변용하면서 이들이 만들어낸 사운드는 실험적이고 새로웠을 뿐만 아니라 완미完美의 경지를 구현해내기도 했다.

그렇다고 해서 동아기획의 음악이 그저 뮤지션의 정체성을 표출하기 위한 도구였던 것은 아니다. 서구 문화의 영향을 받으며 성장한 젊은 층에게 동아기획의 음악은 잠재되어 있던 문화적 수요를 충족시키는 것이었다. 팝 음악적 성향을 띠면서 완성도 높은 연주 실력이 뒷받침된 동아기획의 음악은 새로운 세대와 조응하면서 이들의 환호를 끌어내고 동시대를 대표할 만한 정서를 만들어갔다. 또한 뮤지션들의 경험과 인식, 감정, 가치관 등이 어우러진 가사는 서구 팝에 비해 직접적인 공감이 가능했기에 대중의 호응을 얻는 데 일조했다. 이는 한국 대중음악의 자생력을 높이는 진전이기도 했다.

　한편 동아기획 뮤지션들은 자신의 음악 활동을 음반에만 가두지 않고, 라이브 공연을 통해 관객과 소통하며 음악 세계를 펼쳐 나갔다. 이는 결과적으로 국내 라이브 공연의 대중화를 끌어냈는데, 특히 동아기획이 뮤지션들의 개별적인 공연뿐 아니라 기획사 연합 콘서트를 열어 레이블로서의 목소리를 낸 점은 대중음악사적으로 주목할 만한다.

　그렇다면 동아기획은 왜 라이브 공연을 시도했던 걸까? 우선 뮤지션들이 탄탄한 음악 실력을 갖추었기에 공연에서 그 진가를 발휘할 수 있었기 때문일 것이다. 또한 라이브 무대에서 뮤지션과 관객의 직접적 교감이 가능하다는 점도 매력적으로 다가왔을 것이다. 공연에서 음악을 듣고 반응하는 관객들의 표정과 환호는 다시 무대 위의 뮤지션에게 전달되어 즉각적인 영향을 주기 때문이다. 이는 봄여름가을겨울의 김종진이 라이브 무대를 고집하는 이유로 "TV는 일방적인 매체이기 때문에 청중의 호응 여부를 알 수 없으나 콘서트에서는 관객의 반응을 즉각 알 수 있어 그들과의 호흡을 맞추는 것이 가능"하다고 밝힌 데서도 확인된다.[1] 독일의 철학자 발터 벤야민이 말한 "응답과 교감으로서의 시선, 즉 '시선의 주고받음Blick miteinander aufzuschlagen'"[2]은 같은 시공간 속에서 뮤지션과 관객이 함께하는 아우라적 경험을 설명하는 데도 적합한 표현일 것이다. 뮤지션과 관객이 상호 작용하는 라이브 공연은 바로 지금, 여기에 충실한 유일하면서도 특별한 현장이었다. 이는 1980~90년대의 음악 수용자들에게 예술적 교감 형성을 경험하는 기회가 되어주기도 했다.

주석

1장 동아기획의 탄생

1 김창남, 『대중문화의 이해』, 한울, 2010, 169쪽.

2 이규탁, 「1990년대 한국 댄스음악 형성 과정에 대한 연구: 혼종과 토착화 과정을 중심으로」, 서울대학교 언론정보학과 석사학위논문, 2007, 35쪽.

3 위의 논문, 52쪽.

4 신현준, 「음악산업 시스템의 지구화와 국지화: 한국의 경우」, 서울대학교 경제학과 박사학위논문, 2001, 94쪽.

5 신현준·최지선, 『한국 팝의 고고학 1980』, 을유문화사, 2022, 275쪽.

6 이수호, 「동아기획 대표 김영 인터뷰」, 『IZM』, 2014년 4월. https://www.izm.co.kr/posts?id=25800(2025년 4월 4일 검색).

7 1969년 11월에 설립된 히트레코드는 사세를 확장하여 1982년 태광음반(주)로 법인 등록을 한 뒤 현재에 이르고 있다. 기획사를 기용하는 위탁 경영체제를 선도적으로 구축하여 경영의 다변화를 이끌어냈고, 이는 이후 많은 기획사들이 독립 음반사로 발전하는 토대가 되었다. 김지평 외, 『한국가요 100년사: 인물총선』, 소리바리, 1995, 512쪽.

8 신현준·최지선, 앞의 책, 611쪽.

9 위의 책, 611쪽.

10 위의 책, 275쪽.

11 위의 책, 169~170쪽.

12 「음악시장의 거인들: 동아기획 김영 대표」, 『매일경제』(온라인), 1996년 12월

20일. https://www.mk.co.kr/news/all/1726641(2025년 4월 4일 검색).

2장 동아기획의 역사

1 최세영 인터뷰, 2022년 4월 26일, 서울 동부이촌동의 서울스튜디오 사장실.

2 신현준·최지선, 『한국 팝의 고고학 1970』, 을유문화사, 2022, 410쪽.

3 신현준 전화 인터뷰, 2022년 10월 6일.

4 이수호, 「동아기획 대표 김영 인터뷰」, 『IZM』, 2014년 4월. https://www.izm. co.kr/posts?id=25800(2025년 4월 4일 검색).

5 박애경, 『가요, 어떻게 읽을 것인가』, 책세상, 2000, 46쪽.

6 이은정, 「들국화 "다시 뭉쳐 골프치듯 음악하고 싶어"」, 『연합뉴스』, 2011년 2월 22일.

7 박준흠, 「들국화의 탄생과 데뷔앨범」, 『경향신문』, 2007년 8월 23일.

8 신현준·최지선, 『한국 팝의 고고학 1980』, 을유문화사, 2022, 295쪽.

9 이수호, 앞의 글.

10 위의 글.

11 신현준·최지선, 앞의 책, 261쪽.

12 하덕규 인터뷰, 2022년 2월 28일, 서울 방배역 근처; 이소진, 「동아기획의 음악적 실천과 가요사적 의미」, 경희대학교 응용예술학과 박사학위논문, 2023, 258쪽.

13 신현준·최지선, 앞의 책, 284쪽.

14 위의 책, 284쪽.

15 위의 책, 285쪽.

16 송명하, '봄여름가을겨울 4', 「한국대중가요앨범11000」. https://terms.naver. com/entry.naver?docId=3536104&cid=60487&categoryId=60497(2025년 4월 4일 검색).

17 정일서, '이소라2: 영화에서처럼', 「한국대중가요앨범11000」. https://terms.

naver.com/entry.naver?docId=4386814&cid=60487&categoryId=60501
(2025년 4월 4일 검색).

3장 동아기획의 정체성

1 장유정·서병기, 『한국 대중음악사 개론』, 성안당, 2015, 125~127쪽.

2 성우진, 「김수철: 기타 하나만 있어도 무한능력의 작은거인이 된다」, 『한국 대중음악 100대 명반: 인터뷰』, 선, 2009, 188쪽.

3 김고금평, 「봄여름가을겨울(김종진, 전태관): 수학적 논리로 펼쳐놓은 따뜻한 연주의 미학」, 『한국 대중음악 100대 명반: 인터뷰』, 선, 2009, 159쪽.

4 한상원 인터뷰, 2021년 1월 27일, 경기도 수원의 수원여자대학교.

5 신현준·최지선, 『한국 팝의 고고학 1980』, 을유문화사, 2022, 256~257쪽.

6 SBS, 「전설의 무대 아카이브K」, '여덟 번째 기록: 동아기획 사단', 2021년 2월 28일.

7 위의 방송.

8 최지선, 「80년대 스타 예비한 '편집음반'의 전범」, 『한겨레』, 2006년 10월 15일.

9 신현준·최지선, 앞의 책, 344쪽.

10 박준흠, 『이 땅에서 음악을 한다는 것은』, 교보문고, 1999, 108쪽.

11 박성수, 「그룹 이탈 솔로싱어들 각광」, 『경향신문』, 1988년 5월 12일.

12 주찬권 1집, 《주찬권 Solo》 앨범 크레디트, VIP-20072, 서라벌레코드(동아기획), 1988.

13 김광현, 'YASHA COLLECTION', 「한국대중가요앨범11000」, https://terms.naver.com/entry.naver?docId=3612648&cid=60487&categoryId=60497 (2025년 4월 4일 검색).

14 「"필요하면 하나로 뭉칩니다" 프로젝트 밴드 첫선」, 『동아일보』, 1993년 10월 6일.

15 최석우, 「진정한 스타 제조기 동아기획 김영 대표의 의미있는 고집」, 『사회

평론 길』, 1996년 2월호, 200쪽.

16 「이색 남성그룹 각광」, 『동아일보』, 1986년 5월 29일.

17 「나미, 최성수, 김현식 잇달아 봄맞이 공연」, 『조선일보』, 1987년 3월 4일.

18 홍호표, 「"청중은 '섞어찌개 재즈' 좋아해" 미니 그룹 봄여름가을겨울 인기 폭발」, 『동아일보』, 1991년 5월 3일.

19 이규탁, 「1990년대 한국 댄스음악 형성 과정에 대한 연구: 혼종과 토착화 과정을 중심으로」, 서울대학교 언론정보학과 석사학위논문, 2007, 41쪽.

20 김상, 「FM 듣기 지겹다」, 『동아일보』, 1984년 1월 31일.

21 「팝 세미나서 지적 FM팝송 '저속(低俗)'이 판친다 사전규제 없고 빌보드차트 의존」, 『경향신문』, 1984년 10월 15일.

22 이용주, 「팝송 세대, "이젠 가요가 더 좋아요"」, 『조선일보』, 1986년 11월 30일.

23 SBS, 「전설의 무대 아카이브K」, '여덟 번째 기록: 동아기획 사단', 2021년 2월 28일.

24 김도형, 「TV 출연 않고도 판매량 수위 이소라 태풍 라디오 때문인가」, 『한겨레』, 1995년 11월 29일.

25 이영미, 『한국대중가요사』, 민속원, 2006, 290쪽.

26 신현준, 「음악산업 시스템의 지구화와 국지화: 한국의 경우」, 서울대학교 경제학과 박사학위논문, 2001, 101쪽.

27 위의 논문, 101쪽.

28 네이버 「시사상식사전」의 '니치 마케팅' 항목 참조. https://terms.naver.com/entry.naver?docId=931097&cid=43667&categoryId=43667(2025년 4월 4일 검색).

29 신현준 · 최지선, 『한국 팝의 고고학 1970』, 을유문화사, 2022, 211쪽.

30 김고금평, 앞의 글, 158쪽.

31 강헌, 『전복과 반전의 순간: 강헌이 주목한 음악사의 역사적 장면들 Vol. 2』, 돌베개, 2017, 173쪽.

32 이수호, 「동아기획 대표 김영 인터뷰」, 『IZM』, 2014년 4월. https://www.izm. co.kr/posts?id=25800(2025년 4월 4일 검색).

4장 노랫말을 통해 살펴본 세계관

1 장유정, 「대중가요를 통해 본 1960년대의 서울문화」, 『영남대학교 민족문화 논총』 35집, 2007년 6월, 116쪽.

2 이영미, 『한국대중가요사』, 민속원, 2006, 331쪽.

3 하덕규 인터뷰, 2022년 2월 28일, 서울 방배역 근처; 이소진, 「동아기획의 음악적 실천과 가요사적 의미」, 경희대학교 응용예술학과 박사학위논문, 2023, 260쪽.

5장 장르별로 살펴본 음악의 스펙트럼

1 네이버 「한국민족문화대백과사전」의 '포크송' 항목 참조. https://encykorea. aks.ac.kr/Article/E0066872(2025년 4월 4일 검색).

2 하덕규 인터뷰, 2022년 2월 28일, 서울 방배역 근처.

3 박애경, 「한국 포크와 록의 연대기」, 『대중음악의 이해』, 한울, 2012, 300쪽.

4 「미(美) 재즈… 퓨전과 크로스오버계 강세」, 『조선일보』, 1981년 1월 14일.

5 네이버 「음악장르백과」의 '퓨전재즈/재즈 록' 항목 참조. https://terms.naver. com/entry.naver?docId=5682496&cid=62892&categoryId=62892(2025년 4월 4일 검색).

6 「'봄여름가을겨울' 첫 콘서트 내달 9일 63빌딩 컨벤션센터」, 『한겨레』, 1989년 3월 29일.

7 김헌수, 「90년 준마(駿馬)처럼 뛸 가요계 샛별」, 『매일경제』, 1990년 1월 23일; 진성호, 「앨범《비오는 날의 수채화》비(非)도시적 서정에 "소리없는 인기"」, 『조선일보』, 1990년 3월 24일; 「'빛과 소금' 퀴즈 진행」, 『조선일보』, 1994년 5월 13일.

8 박준흠, 『한국 음악창작자의 역사1』, 한울, 2008, 396쪽.

9 강호정의 「음(mm)」 방송 중 장기호(빛과 소금)와의 대화, 2021년 9월 29일.

10 조일동, 「1990년대 한국대중음악 상상력의 변화: 전자악기와 샘플링, 그리고 PC통신」, 『음악논단』 제43집, 2020, 170쪽.

11 이영미, 「한국식 팝의 형성과 변화: 스탠더드 팝과 발라드」, 『대중음악의 이해』, 한울, 2012, 278쪽.

12 위의 글, 280쪽.

13 SBS, 「전설의 무대 아카이브K」, '여덟 번째 기록: 동아기획 사단', 2021년 1월 3일.

14 이양일, 『팝레슨 121』, 북산, 2018, 324쪽.

15 「새로운 '리듬'='보사노바' 등장」, 『동아일보』, 1962년 12월 12일.

16 「재즈 거장 스턴게츠 숨져: 보사노바 리듬 섞어 연주」, 『한겨레』, 1991년 6월 9일.

17 '어느덧 난청이 와버린 80년대 전설들, 전인권: 김태원클라쓰 시즌3', 「김태원클라쓰」, 2024년 6월 6일. https://www.youtube.com/watch?v=QGOWSYkCR4U (2025년 4월 4일 검색).

6장 동아기획이 대중음악계에 남긴 유산

1 홍호표, 「"청중은 '섞어찌개 재즈' 좋아해" 미니 그룹 봄여름가을겨울 인기 폭발」, 『동아일보』, 1991년 5월 3일.

2 심혜련, 『아우라의 진화』, 이학사, 2017, 97쪽.

참고 문헌

단행본

• 마크 그리들리, 『재즈총론』, 심상범 옮김, 삼호뮤직, 2002.

• 발터 벤야민, 『보들레르의 작품에 나타난 제2제정기의 파리/보들레르의 몇 가지 모티프에 관하여 외』, 김영옥·황현산 옮김, 길, 2010.

• 브라이언 롱허스트, 『대중음악과 사회』, 이호준 옮김, 예영커뮤니케이션, 1999.

• 사토 유키에, 『일본 LP 명반 가이드북』, 안나푸르나, 2021.

• 타디어스 더피, 『재즈음악사』, 이전영 옮김, 예성출판사, 2015.

• 키스 니거스, 『대중음악이론』, 송화숙 외 옮김, 마티, 2012.

• 강일권 외, 『한국 대중음악 명반 100: 앨범 리뷰』, 스코어, 2018.

• 강헌, 『전복과 반전의 순간: 강헌이 주목한 음악사의 역사적 장면들 Vol. 2』, 돌베개, 2017.

• 권오경, 『재즈입문』, 낭만상회, 2014.

• 김윤하 외, 『멜로우 시티 멜로우 팝』, 위즈덤하우스, 2022.

• 김지평 외, 『한국가요 100년사: 인물총선』, 소리바리, 1995.

• 김창남, 『대중문화의 이해』, 한울, 2010.

• _____ , 『한국 대중문화사』, 한울아카데미, 2021.

• 김창남 엮음, 『대중음악의 이해』, 한울, 2012.

• 대중음악 SOUND 연구소·가슴네트워크 기획, 『대중음악 Sound Vol. 3』, 포노, 2011.

• 대중음악 SOUND 연구소·가슴네트워크 기획, 『대중음악 Sound Vol. 4: 대중

음악과 정치』, 포노, 2012.

- 대중음악SOUND연구소·가슴네트워크 기획, 『대중음악 Sound Vol. 5: 한국 대중음악 엔터테인먼트산업』, 선, 2012.

- 대중음악SOUND연구소·가슴네트워크 기획, 『대중음악 Sound Vol. 6: 대중 음악진흥위원회』, 선, 2013.

- 대중음악SOUND연구소·가슴네트워크 기획, 『대중음악 Sound Vol. 7: 한국 인디 명곡 100선』, 스코어, 2013.

- 대중음악SOUND연구소·가슴네트워크 기획, 『대중음악 Sound Vol. 8: 한국 의 음악산업 정책』, 스코어, 2014.

- 대중음악SOUND연구소·가슴네트워크 기획, 『대중음악 Sound Vol. 9: 우리 시대 여성 싱어송라이터』, 스코어, 2014.

- 박애경, 『가요, 어떻게 읽을 것인가』, 책세상, 2000.

- 박준흠, 『이 땅에서 음악을 한다는 것은』, 교보문고, 1999.

- _____, 『한국 음악창작자의 역사 1: 1970~1980년대』, 한울, 2008.

- 박준흠 외, 『한국 대중음악 100대 명반: 음반 리뷰』, 선, 2008.

- 박준흠 외, 『한국 대중음악 100대 명반: 인터뷰』, 선, 2009.

- 선성원, 『8군쇼에서 랩까지』, 아름출판사, 1993.

- _____, 『째지한 재즈 이야기』, 솔바람, 1995.

- _____, 『대중음악의 뿌리』, 꾼, 1996.

- _____, 『우리가 정말 알아야 할 우리 대중가요』, 현암사, 2008.

- 신현준, 『글로벌, 로컬, 한국의 음악산업』, 한나래, 2002.

- _____, 『가요, 케이팝 그리고 그 너머』, 돌베개, 2013.

- 신현준·이기웅 엮음, 『변방의 사운드』, 채륜, 2017.

- 신현준·최지선, 『한국 팝의 고고학 1970』, 을유문화사, 2022.

- 신현준·최지선, 『한국 팝의 고고학 1980』, 을유문화사, 2022.

- 신현준·최지선·김학선, 『한국 팝의 고고학 1990』, 을유문화사, 2022.

- 심혜련,『아우라의 진화』, 이학사, 2017.
- 이규탁,『케이팝의 시대』, 한울아카데미, 2016.
- 이수완,『대중음악입문』, 경성대학교 출판부, 2014.
- 이양일,『팝 레슨 121』, 북산, 2018.
- 이영미,『한국대중가요사』, 민속원, 2006.
- 이혜숙 · 손우석,『한국대중음악사』, 리즈앤북, 2003.
- 임진모,『우리 대중음악의 큰별들』, 민미디어, 2004.
- ＿＿＿,『가수를 말하다』, 빅하우스, 2012.
- 장유정 · 서병기,『한국 대중음악사 개론』, 성안당, 2015.
- 전인권,『전인권, 걱정말아요 그대』, 청년사, 2005.
- 조동일,『한국문학 이해의 길잡이』, 집문당, 1996.
- 조동진,『우리 같이 있을 동안에』, 청맥, 1991.
- 하덕규 외,『찬양하는 사람들』, 두란노, 1995.
- 한국방송학회 엮음,『한국 방송의 사회문화사』, 한울, 2011.

학술 논문

- 김은영,「시티팝과 아시아적 도시감성의 탄생: 일본, 홍콩, 타이완, 한국을 중심으로」,『도시인문학연구』제13권 2호, 2021.
- 김윤하,「주변의 역사: 80년대 언더그라운드와 음악공동체를 중심으로」,『문학동네』, 2017년 여름호.
- 이소진,「1970년대 한국 싱어송라이터의 작가의식과 표현 양상 고찰」,『예술 · 디자인학연구』제24권 2호, 2021.
- 이소진 · 홍성규,「영화「보헤미안 랩소디」상영과 아우라의 재현」,『문화와 융합』제41권 5호, 2019.
- 이영미,「내가 체험한 1980~90년대 음반 검열과 음반법」,『기억과전망』, 2011년 겨울호.

- 정우식, 「시티팝의 형성 과정과 21세기 시티팝의 초국가적 유행 현상에 관한 고찰」, 『대중음악』 제29호, 2022.
- 조일동, 「1990년대 한국대중음악 상상력의 변화: 전자악기와 샘플링, 그리고 PC통신」, 『음악논단』 제43집, 2020.

학위 논문

- 신현준, 「음악산업 시스템의 지구화와 국지화: 한국의 경우」, 서울대학교 경제학과 박사학위논문, 2001.
- 이규탁, 「1990년대 한국 댄스음악 형성 과정에 대한 연구: 혼종과 토착화 과정을 중심으로」, 서울대학교 언론정보학과 석사학위논문, 2007.
- 이소진, 「동아기획의 음악적 실천과 가요사적 의미」, 경희대학교 응용예술학과 박사학위논문, 2023.
- 이태경, 「한국 음반 녹음문화 발달의 역사적 고찰: 1970~80년대를 중심으로」, 한국방송통신대학교 영상문화콘텐츠학과 석사학위논문, 2016.
- 정수연, 「동아기획과 SM엔터테인먼트의 기업분석 연구: 인적자원을 키울 수 있는 시스템, 트렌드를 주도할 수 있는 엔터테인먼트의 부재를 중심으로」, 단국대학교 공연예술학과 석사학위논문, 2005.

인터넷 자료

- 네이버 뉴스 라이브러리 https://newslibrary.naver.com
- 네이버 시사상식사전 https://terms.naver.com/list.naver?cid=43667&categoryId=43667
- 매니아디비(maniadb) http://www.maniadb.com
- 멜론 시대별 차트 https://www.melon.com/chart/age/index.htm
- 아카이브K https://archive-k.net
- 웨이브(Weiv) http://www.weiv.co.kr

- 이즘(IZM) http://www.izm.co.kr
- 케이팝 아카이브 http://www.k-pop.or.kr
- 한국콘텐츠진흥원 http://www.kocca.kr
- 한국대중가요앨범11000 https://terms.naver.com/list.nhn?cid=58276&category Id=58276
- 한국민족문화대백과 https://terms.naver.com/list.nhn?cid=44621&categoryId= 44621

언론 기사

- 김상, 「FM 듣기 지겹다」, 『동아일보』, 1984년 1월 31일.
- 김도형, 「TV 출연 않고도 판매량 수위 이소라 태풍 라디오 때문인가」, 『한겨레』, 1995년 11월 29일.
- 김헌수, 「90년 준마(駿馬)처럼 뛸 가요계 샛별」, 『매일경제』, 1990년 1월 23일.
- 문책재, 「'73 문화계 결산 완(完) 가요」, 『경향신문』, 1973년 12월 27일.
- 박성수, 「그룹 이탈 솔로싱어들 각광」, 『경향신문』, 1988년 5월 12일.
- 박준흠, 「들국화의 탄생과 데뷔앨범」, 『경향신문』, 2007년 8월 23일.
- 박형수, 「당신의 역사: 서태지·이승환·임재범의 공통점? 그에게 퇴짜 맞은 '전설'」, 『중앙일보』, 2014년 11월 19일.
- 신현준, 「70년대 말 언더그라운드 아지트 '서라벌'」, 『한겨레』, 2006년 4월 26일.
- _____ , 「그룹사운드 시대 마지막과 변화의 상징」, 『한겨레』, 2007년 5월 6일.
- 이용주, 「팝송 세대, "이젠 가요가 더 좋아요"」, 『조선일보』, 1986년 11월 30일.
- 이은정, 「들국화 "다시 뭉쳐 골프치듯 음악하고 싶어"」, 『연합뉴스』, 2011년 2월 22일.
- 이헌익, 「언더그라운드 가수시대 개막」, 『중앙일보』, 1990년 6월 20일.
- 장정낭, 「FM시대를 연다」, 『경향신문』, 1983년 2월 7일.

- 조민혁, 「언더그라운드의 메카, 동아기획」, 『디아티스트매거진』, 2015년 2월 5일.

- 진성호, 「앨범《비오는 날의 수채화》비(非)도시적 서정에 "소리없는 인기"」, 『조선일보』, 1990년 3월 24일.

- 최석우, 「진정한 스타 제조기 동아기획 김영 대표의 의미있는 고집」, 『사회평론 길』, 1996년 2월호, 200쪽.

- 최지선, 「80년대 스타 예비한 '편집음반'의 전범」, 『한겨레』, 2006년 10월 15일.

- 홍호표, 「"청중은 '섞어찌개 재즈' 좋아해" 미니 그룹 봄여름가을겨울 인기 폭발」, 『동아일보』, 1991년 5월 3일.

- 「나미, 최성수, 김현식 잇달아 봄맞이 공연」, 『조선일보』, 1987년 3월 4일.

- 「미(美) 재즈… 퓨전과 크로스오버계 강세」, 『조선일보』, 1981년 1월 14일.

- 「'봄여름가을겨울' 첫 콘서트 내달 9일 63빌딩 컨벤션센터」, 『한겨레』, 1989년 3월 29일.

- 「새로운 '리듬'='보사노바' 등장」, 『동아일보』, 1962년 12월 12일.

- 「음악시장의 거인들: 동아기획 김영 대표」, 『매일경제』(온라인), 1996년 12월 20일. https://www.mk.co.kr/news/all/1726641(2025년 4월 4일 검색).

- 「이색 남성그룹 각광」, 『동아일보』, 1986년 5월 29일.

- 「재즈 거장 스턴게츠 숨져: 보사노바 리듬 섞어 연주」, 『한겨레』, 1991년 6월 9일.

- 「팝 세미나서 지적 FM팝송 '저속(低俗)'이 판친다 사전규제 없고 빌보드차트 의존」, 『경향신문』, 1984년 10월 15일.

- 「"필요하면 하나로 뭉칩니다" 프로젝트 밴드 첫선」, 『동아일보』, 1993년 10월 6일.

방송 자료

- CBS, 「새롭게 하소서」, '가시를 거두고 하나님의 사람으로: 가수 하덕규 집

사」, 2007년 3월 20일.

- EBS, 「스페이스 공감」, '시대와 공감: 두 번째 이야기 한국 팝의 지평을 넓히다, 김현철', 2019년 8월 8일.
- EBS, 「스페이스 공감」, '빛과 소금: 그 여름의 마지막', 2022년 8월 19일.
- EBS1, 「싱어즈: 시대와 함께 울고 웃다」 1~10화, 2019년 12월 22일~2020년 2월 23일.
- MBC 라이프, 「고 김현식 20주기 추모 특집: 비처럼 음악처럼」 1~2부, 2010년 1월 22일, 23일.
- Mnet, 「봄여름가을겨울의 숲-음악이야기」, '한영애 1~2편', 2013년 5월 22일, 29일.
- SBS, 「전설의 무대 아카이브K」, '여덟 번째 기록: 동아기획 사단', 2021년 1월 3일, 2021년 2월 28일.

인터뷰

- 김학선, 2022년 11월 12일, 서울 장교동의 서울중구문화원.
- 남정호(푸른하늘의 베이스 세션), 2022년 11월 16일, 서울 방배역 근처.
- 신현준, 2022년 10월 6일, 전화 인터뷰.
- 최세영(서울스튜디오), 2022년 4월 26일, 서울 동부이촌동의 서울스튜디오 사장실.
- 하덕규(시인과 촌장), 2022년 2월 28일, 서울 방배역 근처.
- 한상원, 2021년 1월 27일, 경기도 수원의 수원여자대학교.

기타

- 강호정의 「음(mm)」 방송 중 장기호(빛과 소금)와의 대화, 2021년 9월 29일.
- 주찬권 1집, 《주찬권 Solo》 앨범 크레디트, VIP-20072, 서라벌레코드(동아기획), 1988.

동아기획의 음반 목록

1982년부터 2010년까지 동아기획이 제작한 음반 가운데서 발매 연도를 확인할 수 있는 앨범의 목록이다. 필자가 음악산업의 변화, 소속 뮤지션들의 활동, 사내 동향 등을 고려하여 형성기, 약진기, 분화기, 전환기, 쇠퇴기로 시기를 구분해 정리한 것이다.

형성기 (1982년부터 1985년 초반까지)

1982	• 남태상&영 팝스 오케스트라, 《Love Player Vol. 1》
1983	• 남태상&영 팝스 오케스트라, 《Love Player Vol. 2》
	• 남태상&영 팝스 오케스트라, 《Love Player Vol. 3》
1984	• 남태상&영 팝스 오케스트라, 《Love Player Vol. 4》
	• 김학래, 《김학래 자작곡 2집》
	• 김현식, 《김현식 2집: 사랑했어요/어둠 그 별빛》
	• 우순실, 《우순실 1집: 잊혀지지 않아요/커튼을 젖히면》
	• 신병하, 《실화 소설 '테레사의 연인'의 주제》(OST)
1985	• 조동진, 《조동진 3집》
	• 정광태, 《정광태: 김치 주제가》

약진기 (1985년 후반부터 1987년까지)

1985	• 들국화, 《들국화 1집》
	• 남태상&영 팝스 오케스트라, 《남태상&영 팝스 오케스트라 5집》

1986	• 한영애,《한영애 1집: 여울목》
	• 남택상&영 팝스 오케스트라,《남택상&영 팝스 오케스트라 6집》
	• 조동진,《조동진 1집》(재레코딩 버전)
	• 조동진,《조동진 2집》(재레코딩 버전)
	• 들국화,《들국화 Live Concert》(라이브)
	• 시인과 촌장,《시인과 촌장 2집: 푸른 돛》
	• 이화,《이화 3집》
	• 들국화,《들국화 2집》
	• 남택상&영 팝스 오케스트라,《남택상&영 팝스 오케스트라 7집》
	• 김현식,《김현식 Ⅲ: 김현식과 봄여름가을겨울 3집》
1987	• 우리노래전시회,《우리노래전시회 Ⅱ》
	• 남택상&영 팝스 오케스트라,《남택상&영 팝스 오케스트라 8집》
	• 이원재,《이원재 1집》
	• 괴짜들,《2집: 괴짜들 I》
	• 남택상&영 팝스 오케스트라,《남택상&영 팝스 오케스트라 9집》
	• 남택상&영 팝스 오케스트라,《남택상&영 팝스 오케스트라 10집》
	• 전인권&허성욱,《1979~1987 추억 들국화》
	• 믿음 소망 사랑,《믿음 소망 사랑 2집》
	• 박주연,《박주연 1집》
	• 김동성,《아기공룡 둘리, 떠돌이 까치》
	• 박원웅,《박원웅과 함께: 시와 그리고 음악에》
	• 남택상&영 팝스 오케스트라,《Sports-Car Series Vol. 1》
	• 남택상&영 팝스 오케스트라,《Sports-Car Series Vol. 2》

분화기 (1988년부터 1992년까지)

1988	• 김두수,《김두수 2집》

- 남택상&영 팝스 오케스트라,《Fantastic Piano Vol. 1》
- 푸른하늘,《푸른하늘 1집: 푸른하늘》
- 시인과 촌장,《시인과 촌장 3집: 숲》
- 전인권,《전인권 1집: 파랑새》
- 봄여름가을겨울,《봄여름가을겨울 1집: 봄여름가을겨울》
- 빨간크레용,《빨간크레용 1집》
- 이정선,《이정선 8집: Ballads》
- 한영애,《한영애 2집: 바라본다》
- 최성원,《최성원 1집: 최성원》
- 김현식,《김현식 Vol. 4》
- 정희남,《정희남 1집》
- 주찬권,《주찬권 1집: 주찬권 solo》
- 우리노래전시회,《우리노래전시회 III》
- 남택상&영 팝스 오케스트라,《한국 가곡 경음악 제1집》
- 남택상&영 팝스 오케스트라,《한국 가곡 경음악 제2집》

1989
- 신촌블루스,《신촌블루스 2집: 황혼》
- 박문수,《박문수 1집》
- 박학기,《박학기 1집: 박학기》
- 남택상&영 팝스 오케스트라,《Fantastic Piano Vol. 2》
- 최구희 ,《최구희 1집: 내 친구야》
- 한승호,《한승호 1집》
- 골고다,《골고다 1집: 작은 기도》
- 푸른하늘,《푸른하늘 2집: 푸른하늘 II》
- 김현철,《김현철 1집: 김현철 Vol. 1》
- 봄여름가을겨울,《봄여름가을겨울 2집: 봄여름가을겨울2》
- 신촌블루스,《신촌블루스 라이브 Vol. 1》(라이브)

- 장필순,《장필순 1집: 장필순》
- 이원재,《2집: 내가 그리고 싶었던 그림》
- 남택상&영 팝스 오케스트라,《세계 민속 무용곡 제1집》
- 남택상&영 팝스 오케스트라,《세계 민속 무용곡 제2집》

1990
- 유영석,《유영석 1집》
- 신촌블루스,《신촌블루스 3집: 이별의 종착역》
- 최성원,《최성원 2집: 최성원 2》
- 빛과 소금,《빛과 소금 1집: 빛과 소금 Vol. 1》
- 김현식,《김현식 5집: KIM HYUN SIK》
- 최진영,《최진영 1집: 최진영 1》
- 하광훈,《1집: Nude City》
- 박문수,《박문수 2집》
- 푸른하늘,《푸른하늘 3집: 푸른하늘 Ⅲ》
- 박학기,《박학기 2집: 박학기 Ⅱ》
- 이정선,《이정선 9집: 雨》
- 김병규,《김병규 1집》

1991
- 정서용,《정서용 1집》
- 장필순,《장필순 2집: 장필순 2》
- 김현식,《김현식 6집: Kim Hyun Sik Vol. 6》
- 봄여름가을겨울,《봄여름가을겨울 Live》(라이브)
- 하광훈,《2집: 넌 또 다른 나》
- 푸른하늘,《푸른하늘 4집: 푸른하늘 Ⅳ》
- 송홍섭,《송홍섭 정규 1집: 내일이 다가오면》
- 빛과 소금,《빛과 소금 2집: 내 곁에서 떠나가지 말아요》
- 신촌블루스,《신촌블루스 라이브 Vol. 2》(컴필레이션, 라이브)
- 오석준,《오석준 3집: 변화》

1992	• 봄여름가을겨울,《봄여름가을겨울 3집: 농담, 거짓말 그리고 진실》
	• 야샤,《야샤 1집: Yasha Collection》(옴니버스)
	• 김현철,《김현철 2집: 32℃ 여름》
	• 신형원,《신형원 5집》
	• 신촌블루스,《신촌블루스 4집: Rainy Day Blues》
	• 유영석,《유영석 소품집》
	• 김병규,《김병규 2집: 내일을 꿈꾸며》
	• 푸른하늘,《푸른하늘 5집: Blues Sky Vol. 5》
	• 김현식,《김현식 연주곡 모음》
	• 김현철,《그대 안의 블루》(OST)

전환기 (1993년부터 1996년까지)

1993	• 오석준,《오석준 4집: Days》
	• 김형철,《김형철 1집: Kim Hyung Chul》
	• 코나(Kona),《정규 1집: Knock On Neutral Affection》
	• 봄여름가을겨울,《봄여름가을겨울 4집: I Photograph To Remember》
	• 박선주,《2집: 내가 그리고 싶었던 그림》
	• 박승화,《박승화 1집: 박승화》
	• 우리 모두 여기에,《우리 모두 여기에 1》(컴필레이션)
	• 우리 모두 여기에,《우리 모두 여기에 2》(컴필레이션)
	• 우리 모두 여기에,《우리 모두 여기에 3》(컴필레이션)
	• 이익현,《이익현 1집》
	• 푸른하늘,《푸른하늘 6집: The Blue Sky 'Final Sound'》
	• 소나무,《소나무 1집: 하나가 되어》
	• 정원영,《정원영 1집: 가버린 날들》
	• 한상원,《한상원 정규 1집: Seoul, Soul Soul of Sang》

- 박학기,《박학기 4집: 박학기 4》
- 내일은 늦으리,《93 내일은 늦으리: 환경 보전 슈퍼 콘서트》
- 김현철,《김현철 3집: 횡계에서 돌아오는 저녁》
- 사람과 나무,《사람과 나무 1집: Unplugged》
- 이성재,《사람과 나무 1집: Unplugged 1993》
- 이성재,《이성재 1집》

1994
- 빛과 소금,《빛과 소금 4집: 오래된 친구》
- 코나(Kona),《코나 2집: New Brand Spice》
- 이정선,《이정선 10집: Ten》
- 송경호,《송경호 1집: 착각》
- 토미 키타(Tomi Kita),《듣기 좋은 그 한마디》
- 피아노,《피아노 1집》
- 주주밴드,《주주밴드 2집》
- 김현철,《네온 속으로 노을지다》(OST)
- 엄태환,《엄태환 1집》
- 내일은 늦으리,《94 내일은 늦으리》
- 조동익,《조동익 솔로 앨범》

1995
- 우리 모두 여기에,《우리 모두 여기에 4》(컴필레이션)
- 우리 모두 여기에,《우리 모두 여기에 5》(컴필레이션)
- 우리 모두 여기에,《우리 모두 여기에 6》(컴필레이션)
- 봄여름가을겨울,《봄여름가을겨울 5집: Mystery》
- 이소라,《이소라 1집: Vol. 1》
- 피아노,《피아노 2집》
- 잼(ZAM),《잼 3집》
- 잠수함,《잠수함 1집》

1996
- 사람과 나무,《사람과 나무 2집: 하나 더하기 하나》

- 최진영, 《최진영 3집: Love, Forever》
- 코나(Kona), 《코나 3집: Welcome To My Beach》
- 봄여름가을겨울, 《봄여름가을겨울 6집: Bananashake》
- 이소라, 《이소라 2집: 영화에서처럼》
- 최광철, 《Jazz Sax》
- 김장훈, 《김장훈 3집: 노래만 불렀지》

쇠퇴기 (1997년 이후)

1997
- 삐삐롱스타킹, 《3집: 원 웨이 티켓》
- 어어부 프로젝트, 《어어부 프로젝트 1집: 손익분기점》
- 안성준, 《안성준 1집》
- 황신혜밴드, 《황신혜밴드 1집》
- 도시락특공대, 《도시락특공대 1집: 맛있는 옴니버스 도시락특공대》
- 이윤정, 《이윤정 1집: 진화》
- 리아, 《리아 1집: Diary》
- 삐삐롱스타킹, 《바보버스》
- 박정운, 《LIVE & SINGLE》

1998
- 김장훈, 《김장훈 4집: 1998 Ballads For Tears》
- 이소라, 《이소라 3집》
- 코나(Kona), 《코나 4집: In Water》
- 추억 만들기, 《추억 만들기 1집》(컴필레이션)
- 추억 만들기, 《추억 만들기 2집》(컴필레이션)
- 박상민, 《5집: The Road》
- 민치영, 《민치영 3집: Black》
- 박상민, 《라이브: Thrill & Real》(라이브)

1999	◆ 씨유(See U), 《씨유 1집》
	◆ 보이스(Voice), 《보이스 1집: The Genesis》
	◆ 추억 만들기, 《추억 만들기 3집》(컴필레이션)
	◆ 추억 만들기, 《추억 만들기 4집》(컴필레이션)
	◆ 추억 만들기, 《추억 만들기 5집》(컴필레이션)
	◆ 박완규, 《박완규 솔로 1집: 천년지애》
	◆ 추억 만들기, 《추억 만들기 6집》(컴필레이션)
	◆ 추억 만들기, 《추억 만들기 7집》(컴필레이션)
	◆ 허쉬, 《허쉬 1집》
2000	◆ 추억 만들기, 《추억 만들기 8집》(컴필레이션)
	◆ 송승민, 《송승민 1집》
	◆ 임현정, 《3집: 은하철도 999》
	◆ 길정화(통일소녀), 《길정화 1집: 휘파람》
	◆ 박완규, 《박완규 2집》
	◆ 황수정의 러브레터, 《황수정의 러브레터 1》(컴필레이션)
	◆ 황수정의 러브레터, 《황수정의 러브레터 2》(컴필레이션)
	◆ 코나(Kona), 《코나 5집: Flower Dance》
	◆ 하니비(Honeybee), 《하니비 1집》
	◆ LLK Camp, 《LLK Camp 1집》
	◆ 빅독, 《빅독 1집: 더 아프게 하는 건》
2001	◆ 이소라, 《이소라 라이브(Leesora Live Concert)》(라이브)
	◆ 황수정, 《황수정의 고백》
	◆ 유영석, 《유영석 2집》
	◆ 줄라이 모닝(July Morning), 《July Morning 1집: The Morning》
	◆ 남택상&영 팝스 오케스트라, 《사랑의 연주 시리즈》
	◆ 닥터 퓨전, 《닥터 퓨전 1집》

2002	• 일진(Eeljin), 《일진 1집》
	• J.S., 《J.S. 1집》
	• 봄여름가을겨울, 《봄여름가을겨울 7집: Bravo, My Life!》
	• 세인트(Saint), 《세인트 1집: 여정》
	• 차은주, 《차은주 2집》
	• 김현철, 《김현철 8집: …그리고 김현철》
	• 드래곤플라이, 《드래곤플라이 1집: Flight》
2003	• 원재규, 《원재규 1집: 그리움에 관한 이야기》
2004	• 전인권, 《전인권 6집: 전인권과 안 싸우는 사람들》
2010	• 무니, 《무니 3집: Classy》

동아기획 이야기

그때 그 시절을 함께한 어떤 음악 레이블에 대하여

ⓒ 이소진

초판 1쇄 발행 | 2025년 4월 21일

지은이 | 이소진
펴낸이 | 임윤희
편집 | 민다인
표지 디자인 | 석운디자인
제작 | 제이오

펴낸곳 | 도서출판 나무연필
출판등록 | 제2014-000070호(2014년 8월 8일)
주소 | 08613 서울 금천구 시흥대로73길 67 금천엠타워 1301호
전화 | 070-4128-8187
팩스 | 0303-3445-8187
이메일 | wood.pencil.official@gmail.com
페이스북·인스타그램 | @woodpencilbooks

ISBN | 979-11-87890-69-0 03670